象徴天皇を哲学する

田中久文
Tanaka Kyubun

青土社

象徴天皇を哲学する

目次

第二章　統治　47

第三章　象徴　73

象徴天皇を哲学する

はじめに

一　民主主義と象徴天皇制

日本国憲法の第一章第一条には次のようにある。

「天皇は、日本国の象徴であり日本国民統合の象徴であって、この地位は、主権の存する日本国民の総意に基く。」

ここには、国民主権と象徴天皇制の双方が明記されている。

もちろん、この第一章第一条がその基本的発想をＧＨＱに負うものであることはいうまでもない。当初、日本側で自主的に考えられた憲法問題調査委員会の「憲法改正要綱」には、国民主権も象徴天皇制もない。そうした意味で、戦後民主主義はGHQの意向に従うものであり、象徴天皇制はGHQ天皇制であるという論者も少なくないはずである。

ただし、国民主権も象徴天皇制も現在では多くの国民に受け容れられていることも事実である。特に象徴天皇制に関しては、それが明治憲法における天皇制よりも、明治以前の伝統的な天皇制に、より近いものであると説く者も多い。

しかし、そもそも国民主権と象徴天皇制とは矛盾しないのであろうか。GHQは日本の民主化をはかりながらも、天皇制を残した方が占領がスムーズに進むと考え、象徴天皇制を提示したとされている。だとするならば、象徴天皇制とは、それまでの伝統的な天皇制を、国民主権という新たな考え方に抵触しない範囲内に留めた結果の妥協の産物でしかないのであろうか。日本の民主主義が定着し成熟すれば、象徴天皇制は廃棄されるべきものなのであろうか。

憲法といえば、第九条ばかりに焦点が集まり、第一条の象徴天皇制に関してはこれまで国民的議論がなされてこなかった。天皇制というものは神秘のヴェールに包んでおくべきものであって、正面から触れるべきものではないと考える人もいるかもしれない。しかし、意外に思われるかもしれないが、もちろん大きな制限はあったにせよ、戦前には天皇制に関してさまざまな議論がなされてきた。天皇制に関する議論がタブー視されたのは昭和に入ってからの一時期にすぎない。天皇制はそうした議論をくぐり抜けてきたのであり、論理的な思考に十分耐えうるだけの蓄積をもっている。ましてや、より自由な今日では天皇制に関して合理的な議論がもっと頻繁に行われる必要があるのではなかろうか。

結論的にいえば、本書は民主主義と天皇制との共存の可能性を考えようとするものである。ただし、民主主義も天皇制も変えることのできない所与のものと考え、両者に何とか折り合いをつけさせようというのではない。むしろ、民主主義を日本により深く根づかせるための方途として天皇制を考えることはできないかという立場に立つものである。

二　リベラリズムとナショナリズム

冷戦体制の崩壊後、グローバル化の急激な進展のなかで、世界中で経済格差が広がり、「平等」の理念が脅かされ、さまざまな場面で民主主義の危機が表面化している。

これまで、民主主義は多様な文化を超越した普遍主義の立場に立つものであり、文化的土壌のまったく異なった者同士が撹拌されたとしても、そこで論理的な対話を深めていくことこそが民主主義の究極の理想であると考えられてきた。むしろ、グローバル化の進展は民主主義の推進であると捉える見方が多く存在した。しかし、現実はそう簡単ではないことを私たちは今目撃している。

そもそも、共通の文化的地盤のまったくない所で民主主義的な議論など成立するのであろうか。古代ギリシアのデモクラシーがポリスという共同体と不可分なものであったことはいうまでもない。西洋近代の民主主義の歴史を考えてみても、それが国民国家の形成と表裏一体のものであったことは明らかであろう。

そうしたなかで一九九〇年代に英語圏で「リベラル・ナショナリズム」という議論

が登場してきた。それは民主主義の文化的超越性・中立性に疑義を呈し、ナショナルな文化や伝統が反映した民主主義を考えていこうとするものである。彼らにいわせれば、そもそも共同体の連帯意識や信頼感というものが前提になければ、民主主義に必要な寛容や妥協は生まれず、分裂や対立を招いてしまう。その際、政治の場において機能すべき共通のアイデンティティは、やはりナショナル・アイデンティティであるという。共通の「母語」に基づくことによって、大衆も政治的議論に参加することができ、連帯意識に基づく「平等」や、誰もが多くの選択肢をもつ「自由」を実現することができるというのである。

もちろん、私たちはナショナル・アイデンティティを過度に強調することの危険性を充分に知っている。他の国家のアイデンティティを侵すことがあってはならないし、近代の国民国家の形成のなかで強制的に組み込まれていった下位のナショナル・アイデンティティに属する人々の意見も尊重しなければならないし、さらには多様な価値観で結びついているさまざまな少数者の社会集団にも耳を傾けなければならない。ナショナル・アイデンティティとは、そうした人たちの声を充分に反映させながら、つねに柔軟に組み替えていかなければならないものであることはいうまでもない[1]。

しかし、現在猛威をふるっているグローバル化の強制力に抵抗する最も有力な方法は、やはりナショナル・アイデンティティの文化的共通性を土台として、もう一度民主主義の成熟をめざすことなのではなかろうか。

そう考えたとき、日本のナショナル・アイデンティティの文化的共通性の「象徴」は、やはり天皇に求めるのが最も妥当なのではなかろうか。

君主の存在は、民主主義の進展にとって妨げでしかないと考える人も多いであろう。しかし、西洋においても、イギリスをはじめ、オランダ、ベルギー、スウェーデン、ノルウェー、デンマークなど、国王の存在を残した民主主義国が多く存在する。しかも、国王の法律上の権限は日本の象徴天皇よりも強い場合がほとんどである。こうした国々の顔ぶれをみると、君主の存在にもかかわらず民主主義を発展させてきたというよりも、むしろ君主の存在が民主主義の穏健な発展に一定の貢献をしてきたのではないかと思われる[2]。

三　福沢諭吉の皇室論

日本でも、天皇制を民主主義の促進剤と考えようとした人は古くからいた。そのことを最初に主張したのは、後に論じるように福沢諭吉《ふくざわゆきち》であった。彼の『帝室論』(3)は、一八八一（明治十四）年に国会開設の勅諭が出されたのを受けて、その翌年に書かれたものである。福沢は、国会が開設された暁には、「政談を争うは自由自在にして、気力のあらん限りに勉強〔努力〕すべし」と、徹底した論争を期待する。しかし、それによって収拾不可能なまでに国論が分裂しないために、何らかの「緩和力」がなければならないとし、それを皇室に求めるのである。ただし、そのためには、皇室はどのような政治的勢力にも荷担してはならないとする。「帝室は政治社外のものなり」という彼の有名なテーゼはそのようなことを意味しているのである。

もちろん、こうした発想には反対意見もあろう。日本国憲法の前文にも記されているように、民主主義は「人類普遍の原理」であって、それを国民国家ごとの単位で考えたり、文化的伝統の特殊な事情によって色づけしたりすることは許されないと考えることもできる。しかし、先に述べたように、何らの文化的な一体感もないところで、「人類普遍の原理」だけを掲げて政治的対話を実践しようとすることなど不可能であろう。ＧＨＱも、「人類普遍の原理」を強制するだけでは戦後の日本に途方もない混乱をもたらしかねないと考えたからこそ、一方で象徴天皇制を置いたのである。

あるいは、民主主義の根底には文化的一体感が必要だという考え方に基本的には共鳴する者のなかにも、日本の文化的共通性の「象徴」を天皇に求めることには批判的な者もいるであろう。

そもそも、文化的伝統というものに対して懐疑的な意見も多い。伝統というものは多様なものであり、常に変化していくものであったり、意図的に創りだされたりするものだという見方もありうる。現に天皇制といえども、時代によって大きく変貌してきた。特に、明治に行われた神仏分離と国家神道の創設は、天皇の名の下に行われた最も著しい伝統破壊といえよう。

しかし、そうした変化を辿りながらも、天皇制が存在し続けてきたということは、まぎれもない事実である。これに関しても福沢が示唆的なことを述べている。福沢は

『尊王論』(4)で、皇室の神聖さを神話に求める必要はなく、人々の「尚古懐旧《しょうこきゅうかい》の情」に基づくと考えるだけでよいとしているのだ。

四　主体的な民主主義を求めて

もちろん、天皇制のとらえ方は多様である。「象徴天皇制」といっても、それがどのようなものであるかはほとんど議論されていない。天皇制が時代によってさまざまに変化してきたように、将来に向かっても、天皇制には絶えざる変革が必要である。同様に民主主義というものもアメリカ型デモクラシーに限られるものではない。民主主義と矛盾しない天皇制、むしろ民主主義を促進させる天皇制を考える場合は、GHQ的発想にしばられない、より根源的な思索が必要になるであろう。結局、それは日本社会により適合的な民主主義を模索する作業なのである。

南原繁《なんばらしげる》や美濃部達吉《みのべたつきち》は新憲法に対して、それがGHQ主導のものであり、日本人の主体性に基づくものではないとして反対した。南原はその後新憲法を容認するが、美濃部は天皇機関説事件で計り知れない被害を蒙ったにもかかわらず、国会で最後までただ一人新憲法に反対の立場をとった。当時、彼らの言動をオールドリベラリストの限界と批判する者も多かった。しかし、そこには日本人が自分たちの頭で考え納得できる政治体制でなければならないという強い思いがあったのであろう。

五　天皇制と普遍性

ただし、天皇という存在は世界的にもあまり類をみないような強い文化的統合力を今でも保持しているがゆえに、それだけ危険性も伏在させているということには注意を向けておかなければならない。しかも天皇制は単純な「文化概念」ではなく、その成立の当初から「政治概念」でもあった。

特に、天皇制は「保守」を志向するばかりではなく、その評価は別にしても、時に大きな「変革」の力にもなってきた。律令国家の導入にしろ、明治維新の実現にしろ、対外的な緊張のなかで社会の抜本的な変革が必要となったときに天皇制は大きな働きをしてきた。近代に入っても、五・一五事件、二・二六事件をもたらした「昭和維新」の考え方も天皇親政に戻すというものであった。そこには、北一輝《きたいっき》のように天皇によって社会主義革命を起こそうとする考え方もあった。そうした事実を受けて、三島由紀夫《みしまゆきお》は、天皇制の本質を「永久革命」としている。

そのように考えると、天皇制には常に細心の注意をはらい、それを国民が馴致しておく必要がある。その際、最も重要なのは、天皇制のもつ文化的統合力を民主主義のために利用しながらも、それを閉鎖的なものとせずに、やはり一方で何らかの「人類普遍の原理」に通じたものと考えることなのではなかろうか。

和辻哲郎《わつじてつろう》は、戦前戦後一貫して天皇を日本の文化的一体性の「象徴」と考えてきた。そのため、和辻を単純なナショナリストと誤解している人が多い。しかし、和辻は大正デモクラシーの洗礼を受けているばかりでなく、天皇制そのものを普遍性につながるものと考えていた。すなわち、天皇の「象徴」する民族の「生ける全体性」は、人類に普遍的な「絶対的全体性」に通じているというのである。その意味で尊皇の道は「無限に開かれた道」であるとしている。また、和辻は『古事記』に描かれたアマテラスについて、清明心、慈愛、正義の徳を体現した神だと解釈するが、彼によれば、これらの徳は人類に普遍的なものとされている。

このように、天皇制が普遍性に通じているとする和辻の考え方に違和感をもつ者も少なくないかもしれないが、しかし、ここで近代以前の天皇の多くが、仏教という普遍宗教への篤い信仰をもっていたことを想い起こさなければならない。聖武天皇が大仏開眼の際にみずからを「三宝《さんぼう》の奴《やっこ》」としたことを、本居宣長《もとおりのりなが》は天皇として嘆かわしいことだと非難した。それに対して、和辻は当時の日本人にとって、仏教は普遍的な思考を表現したものと考えられていたのであり、聖武天皇の言葉は、そうしたものに対する帰依を表明したものであって、むしろ天皇として正当なことだと弁護している。そう考えると、天皇の祭祀を仏教から切り離し、国家神道という閉じたものに封じ込めていった近代の動きこそ、伝統を大きく逸脱するものであったといえよう。

さて、本書はこれまで述べてきたような観点から、民主主義と矛盾しない天皇制、むしろ民主主義を促進させる天皇制のあり方を思想史のなかに探っていこうとするものである。主に近代の思想が対象になるが、時に近代以前にも遡って考えてみる。そこには、今日の我々にも大きな示唆を与えてくれる、さまざまな可能性をもった思索が展開されていることが分かるであろう。

しかし、問題は、過去の思想のどれを選びとるかではなく、民主主義により適合的な天皇制、逆にいえば、与えられたものではない自前の民主主義を私たちの手でこれからどのように創造していくかということにあるといえよう。

第一章　国体

周知のように、「天皇制」という言葉は戦前にマルクス主義の立場に立つ講座派が使い出したものであり、天皇を中心とした国家体制は元来「国体」とよばれていた。それはどのような意味で使われていたのか。まずは「正統的」と考えられる「国体」論の流れを、江戸末期にまでさかのぼって考えてみたい。

一 「国体」の創始者 会沢正志斎

「国体」という言葉を天皇制的な意味で最初に使ったのは、水戸学の会沢正志斎《あいざわせいしさい》の

『新論』とされている。この書は一八二五（文政八）年に、幕府が異国船打ち払い令を出した直後に書かれたものである。冒頭は次のように書かれている。

「謹んで按ずるに、神州（日本）は太陽の出づる所、元気（万物の根元をなす気）の始まる所にして、天日之嗣《てんじつのし》（天皇）、世宸極《よよしんきょく》（天子の位）を御し、終古易らず、固より大地の元首にして、万国の綱紀（大もとの規律）なり。[5]」

ここでは日本が、「太陽の出づる所」、「元気の始まる所」であり、永遠に天皇の治める国とされ、「大地の元首」「万国の綱紀」というような世界の中心をなす国とされている。

そして、天皇の本質は「万世一系」にあるとされる。

「天胤（天皇）、四海に君臨し、一姓歴々として、未だ嘗て一人も敢へて天位（天皇の位）を覬覦《きゆ》（分不相応なことを望む）するものにあらずして、以て今日に至れり。[6]」

ただし、会沢は徳川御三家の一つである水戸藩の学者であるから、幕府の存在そのものを否定し天皇親政の世に戻すことを説くわけではない。藤原氏については「争ひて荘園を置きて、以て人民を私す」と非難し、鎌倉幕府や室町幕府については「概して皆土地人民の権に依り、ややもすれば朝命に逆ひ、恭順なる能はず」と批判しているが、徳川幕府については、皇室尊重の立場を貫いてきたことを強調している。

「東照宮〔家康〕（秀吉を）踵《つ》いで興り、専ら忠孝を以て基を立て、遂に二百年太平の業を成す。……時を以て天下の国主・城主を帥《ひき》いて京師〔京都〕に朝す〔参内する〕。天皇褒賞して、官を授け爵を賜ふ。この時に当たりてや、天下の土地人民、その治は一に帰し、海内一塗〔国内ひとすじに〕、皆天朝の仁を仰ぎて、幕府の義に服す。[7]」

そして会沢は、次のように、天祖（皇祖神）→天皇→徳川将軍→諸大名→庶民というヒエラルキーを説く。

「天祖〔皇祖神〕は洋々として上に在り、皇孫〔天皇〕は紹述〔先祖の志を継承〕して、黎庶《れいしょ》〔庶民〕を愛育し、大将軍〔徳川将軍〕は帝室を翼戴《よくたい》〔助け戴く〕して、以て国家を鎮護し、邦君〔大名〕はおのおの疆内《きょうない》〔各藩の領内〕を統治し、民をして皆その生を安んじて寇盗《こうとう》〔外敵と盗賊〕を免れしむ。(8)」

このように、天皇を戴いていることを強調することによって、幕藩体制をもう一度強固なものにしようとしているのである。つまり、「皇室と臣民との間柄を封建的君臣関係と同じ延長上に置くことによって、前者の永遠不易性を後者にも推し及ばさん(9)」（丸山眞男）としたものといえよう。

将軍は天皇から実際の政治を委任されているという「大政委任論」は、江戸幕府創建当初からあったものではなく、江戸後期から生まれたものといわれているが、それは幕藩体制の正統化とその補強という意図の下に出てきた考え方であった。

水戸学において、こうした考え方が生まれたのは、日本に対する西洋の脅威によってであった。

「西荒の蛮夷〔西洋列強〕、脛足の賤を以て、四海に奔走し、諸国を蹂躙し、眇視《びょうし》跛履《はり》〔自分の力を過信〕、敢へて上国〔日本〕を凌駕せんと欲す。(10)」

とあるように、西洋による侵略への危機感から国全体の一体感を高めようとしたとき、注目されたのが天皇の存在であったのだ。天皇を中心とすれば、「億兆のよく心を一にし、上下のよく相親しむ」世界が実現すると考えたのである。

このように、国家的統一の頂点に立つのが天皇とされているが、実際の政務を幕府に委譲している以上、最も重要な天皇の役割は祭祀にあるとされた。

「天子の天神地祇を祭り、その天祖〔皇祖神〕を敬祭するは、天に報い祖を尊ぶ所以なり」とあるように、天皇が祀るのは日本の「天神地祇」であり、「天祖（皇祖神）」であるが、それは「天」に報い、祖先を尊ぶことであるとされている。その際、仏教が尊重されてきたことなどについては、「蕃神」への信仰として批判されている。

そして、そうした祭祀は民衆にも要求された。「民に敬を教ふるは、祀より大なるはなし」とし、民衆にも祭祀を行わせることによって、精神面において民心を統一しようというのである。そうした意味で、「祭政はこれ一」とされ、いわゆる「祭政一致」が説かれることになる。

こうした意味での、天皇を祭主とする祭祀の国教化は、明治になって「国家神道」となり、近代の「国体」論の中核をなすようになっていく。

ただし、会沢には明治の「国家神道」とは異なった面もある。彼は儒学者であるから、天皇や「天祖」のアマテラスの上に普遍的な「天」というものをおいている。「天祖」のアマテラスは、「天の仁を体し、天の明に則り、天の威を奮ひて、以て万邦に照臨」するものであり、「細大のこと、一も天にあらざるものなし」とされている。明治の「国家神道」は、こうした普遍的な「天」の感覚を欠落させたものであった。

また、水戸学は儒学を柱にしたものであったから、民衆に対しては、「忠」と「孝」という儒教的徳目も強調した。しかし、その内容は尊皇の精神によって捉え直されている。先に述べたように、天皇は「天祖」を祭ることが最も重要な仕事であるが、群臣たちも自分たちの祖先を祭るとともに、天皇の祭りにも忠誠心をもって参加する。同様に、その子孫たちも祖先たちの思いを受け継ぎ、同じことを実践することが祖先の意にかなう孝行だと考える。したがって、「忠」と「孝」とは一つだというのである。いわゆる「忠孝一致」である。

このような日本化された「忠」と「孝」は、近代の「国体」論にも受け継がれていく。

二　明治の「国体」を設計した吉田松陰

水戸学は天皇を中心にして民心を統一しようと考えたが、幕府を守る立場を捨てることはなかった。それに対して、水戸学を学びながらも、最終的にはそれを倒幕運動と結びつけたのが吉田松陰《よしだしょういん》である。松陰は当初、水戸学から大きな影響を受けていた。有名な「士規七則」には次のように書かれている。

「凡そ皇国に生れては、宜しく吾が宇内《うだい》〔世界〕に尊き所以を知るべし。蓋し皇朝は万葉一統《まんよういっとう》〔万世一系〕にして、邦国の士夫〔武士〕、世々禄位を襲ぐ。人君、民を養ひて、以て祖業を続ぎたまひ、臣民、君に忠して、以て父志を継ぐ。君臣一体、忠孝一致、唯だ吾が国を然りとなす。(11)」

ここで説かれている「万葉一統（万世一系）」、「君臣一体」、「忠孝一致」は水戸学と同じものである。

しかし、やがて松陰は勤王僧である宇都宮黙霖《うつのみやもくりん》の影響によって倒幕の方向に向かっていく。黙霖への書簡には、次のように述べられている。

「僕は毛利〔松陰の属した長州藩の藩主〕の臣なり。故に日夜毛利に奉公することを練磨するなり。毛利家は天子〔天皇〕の臣なり。故に日夜天子に奉公するなり。吾等国主〔毛利〕に忠勤するは即天子に忠勤するなり。(12)」

ここまでは、長州藩主毛利氏→徳川将軍→天皇というヒエラルキーが説かれ、先の水戸学と基本的には同じ考え方である。しかし、松陰は毛利氏も徳川将軍も、これまで天皇に対して充分な忠勤を励んでこなかったとする。そして、そのことを毛利氏、徳川将軍に自覚させようと考える。もし幕府への諫言が容れられなければ、そのときは、天皇の勅許を得て、賛同する諸大名と共に倒幕に動こうと決心するのである。

「然共六百年来我主〔毛利〕の忠勤も天子へ竭《つく》さざること多し。……先我太夫〔家老〕を諭し六百年の罪と今日忠勤の償とを知らせ、又我主人〔毛利〕をして是を知らしめ、また主人同列の人々をして悉く此義を知らしめ、夫より幕府をして前罪を悉く知らしめ、天子へ忠勤を遂《とげ》さするなり。……征夷〔徳川将軍〕の事は我主人の君には非ざれども、大将軍は惣督の任にて二百年来の恩義一方ならず、故三諫も九諫も尽し尽すなり。尽しても尽しても遂に其罪を知らざる時は、已むことを得ず、罪を知れる諸大名と相共に天朝〔天皇〕に此由を奏聞奉り、勅旨を遵奉して事を行ふのみなり。此時は公然として東夷〔徳川将軍〕は桀紂《けっちゅう》〔桀も紂も討伐された中国古代の悪王〕と申なり。(13)」

こうして松蔭は水戸学を超え出て倒幕を考えるようになるのである。

水戸学と松陰の思想的相違点は、こうした倒幕思想の有無だけではない。水戸学では極端な日本中心主義が説かれていたが、松陰では日本の「国体」の独自性が強調されながらも、各国にはそれぞれの「国体」があるとして文化相対主義的な発想がとられている。ただし、その一方で、水戸学においては、日本の「国体」がいかに尊重されていたとしても、その上に「天」という普遍的存在が想定されていたのに対して、松陰では、そうした超越的な存在は影を潜めていく。

こうした松陰の考え方は、長州藩の藩校明倫館の学頭である山縣太華《やまがたたいか》との論争をみると明らかである。そこでは、朱子学の立場に立つ山縣が普遍的な「天」や「理」というものを強調するのに対して、松陰は各地域の文化の特殊性を強調している。松陰は山縣との違いを「同」と「独」という概念を使って次のように説明している。

「道は天下公共の道にして所謂「同」なり。国体は一国の体にして所謂「独」なり。君臣・夫子・夫婦・長幼・朋友、五者は天下の「同」なり。皇朝君臣の義、万国に卓越する如きは、一国の「独」なり。……然るに一老先生〔山縣太華〕の説の如く、道は天地の間一理にして、其の大原《たいげん》〔おおもと〕は天より出づ、我と人との差なく、我が国と他の国との別なしと云ひて、皇国の君臣を漢土の君臣と同一に論ずるは、余が万々服せざる所なり。(14)」

ここで、「同」とは普遍性、「独」とは特殊性を意味していると思われる。松陰によれば、山縣のように「理」や「天」の普遍性を説く立場は、「同」ばかりをみて、「独」をみないというのである。君臣関係は中国にもあるにしても、「皇国の君臣を漢土の君臣と同一に論ずる」ことは承服できないとする。

しかも松陰は、「同」も「独」も、さまざまなレベルで考えられ、結局両者の区別は相対的なものだとする。

「大抵五大洲公共の道あり。各一洲公共の道あり、皇国・漢土・諸属国公共の道あり、皆所謂「同」なり。其の「独」に至りては、一家の道、隣家に異なり、一村一郡の道、隣村隣郡に異なり、一国の道、隣国に異なる者あり。故に一家にては庭訓を守り、一村一郡にては村郡の古風を存し、一国に居りては国法を奉じ、皇国に居りては皇国の体を仰ぐ。(15)」

このように、「同」といっても五大洲、一洲、各国それぞれのレベルで存在する。「独」もまた各国、一村一郡、各家それぞれに存在する。

そして、それぞれが自己の立場を正当化し、他者を自己に従わせようとする。

「然れども彼に在りては亦自ら視て以て正道とす。彼の道を改めて我が道に従わせ難きは、猶吾の万々彼の道に従ふべからざるが如し。然るに強ひて天地間一理と云ふとも、実事に於て不通と云ふべし。[16]」

松陰にいわせれば、山縣のように「理」や「天」の普遍性を説く立場は、実際は自分の文化圏の特殊な見方を他者に強制するものでしかないという。しかし、「彼の道を改めて我が道に従わせ」ることは困難である。したがって、「強ひて天地間一理と云ふとも、実事に於て不通」なのだという。

このことは逆にいえば、「皇国」の「国体」も日本固有の特殊なもので、それを普遍的なものとして他国に強制することは否定されていることになる。

ただし、先の文に「皇朝君臣の義、万国に卓越する」といった表現がみられるように、日本と中国とでは君臣関係が異なるという認識とともに、日本の君臣関係は「万国に卓越する」という価値論的な考え方もみられる。

松陰においては、「万国に卓越する」日本の君臣関係だからこそ、主君や天皇のために諫死も厭わないとする強い主体的な精神が生まれて、それが変革の精神となったともいえよう。松陰は次のように述べている。

「我国体の外国と異なる所以の大義を明にし、闔国《こうこく》〔国じゅう〕の人は闔国の為めに死し、闔藩の人は闔藩の為めに死し、臣は国の為めに死し、子は父の為めに死するの志確乎《かっこ》たらば、何ぞ諸蛮を畏れんや。(17)」

丸山眞男《まるやままさお》は、武士道の書『葉隠』について、「主君への絶対的忠誠は、下から上に吹き上げるような主体的能動性をもち、藩の運命を個人で担い切ろうとする精神と結合していた(18)」と評価しているが、そうした逆説的な主体性は幕末に再燃したとし、その代表者として松陰を挙げている。松陰においては、「本来の封建的忠誠と天皇に転移した忠誠とが一つの魂のなかでせめぎ合って」おり、そこでは「宗教的絶対者に対するような没我的傾倒と「今の逆焔は誰が是れを激したるぞ、吾が輩に非ずや。……」という強烈な自我意識との逆説的結合(19)」がみられるとしている。

松蔭は、一八五八（安政五）年に幕府が勅許なしで日米修好通商条約を締結したことを知って激怒し、老中間部詮勝《まなべあきかつ》の襲撃を計画するが、一八五九（安政六）年、安政の大獄で処刑される。松陰は最後、大名に倒幕を頼むことを諦め、いわゆる「草莽崛起《そうもうくっき》」論を唱えるようになる。

丸山によれば、松蔭の「今の幕府も諸侯も最早酔人なれば扶持の術なし。草莽崛起（「草莽」は在野・民間のこと）の人を望む外頼みなし」という言葉は、「必然に尊皇攘夷論をして、ヒエラリヒッシュな形態から一君万民的なそれへと転化せしめずにはやまない」[20]ものがあるという。

三　正統的「国体論」の集大成『国体の本義』

以上述べたような水戸学や松陰の影響のなかから、近代の「国体」論が生まれる。時代はかなり下るが、戦前において「正統」とみなされた「国体」論を理解する上で重要なのは、何といっても一九三七（昭和十二）年に文部省から出された『国体の本義』であろう。

そこではまず、「国体」に関して、「大日本帝国は、万世一系の天皇皇祖の神勅を奉じて永遠にこれを統治し給ふ。これ、我が万古不易の国体である」と定義され、水戸学や松陰と同様に、「万世一系」の天皇が日本を統治することが「国体」の本質とされている。

ただし、水戸学とは異なって、天皇親政こそが「国体」の原則であるとされ、明治憲法はそれを明示したものであるとしている。

「(帝国憲法の根本原則は)一に天皇の御親政である。これは肇国《ちょうこく》〔建国〕以来万世一系の天皇の大御心に於ては一貫せる御統治の洪範でありながら、中世以降絶えて久しく政体法上制度化せられなかつたが、明治維新に於て復古せられ、憲法にこれを明示し給ふたのである。(21)」

ただし、天皇の本質が政治とともに、祭祀にあるということも強調され、「祭政一致」が説かれているが、この点は、明らかに水戸学の発想を受け継いだものである。

「天皇は祭祀によつて、皇祖皇宗と御一体とならせ給ひ、皇祖皇宗の御精神に応へさせられ、そのしろしめされた蒼生《そうせい》〔人民〕を弥々《いよいよ》撫育し栄えしめ給はんとせられる。ここに天皇の国をしろしめす御精神が拝せられる。故に神を祭り給ふことと政をみそなはせ給ふこととは、その根本に於て一致する。[22]」

そして、水戸学と同様に、国民にも祭祀が要求されている。

「臣民は、この大御心を承け奉つて、同じく祭祀を以て我が肇国の精神を奉体《ほうたい》〔上からの意を心にとどめ、実行する〕し、私を捨てて天皇の御安泰を祈り奉り、又国家に報ずる精神を磨くのである。[23]」

もちろん、こうした考え方の背景には、すでに確立していた「国家神道」がある。

ここでも、「皇大神宮〔伊勢神宮〕の我が国神社の中心であらせられ、すべての神社は国家的の存在として、国民の精神生活の中軸となつてゐる」と述べられている。

注意しなければならないのは、水戸学が「天祖」＝「皇祖皇宗」の上に「天」という普遍的なものを置いていたのに対して、ここではそうしたものは想定されていない。天皇の祭祀は、あくまでも「皇祖皇宗と御一体とならせ給」うこととされている。

また、さすがに水戸学のような極端な日本中心主義はなく、「今や我が国体を基として西洋文化を摂取醇化し、以て新しき日本文化を創造し、進んで世界文化の進展に貢献す」べきことが説かれている。また、水戸学と違い、過去において仏教が日本文化に果たした役割も評価している。

ただし、国民に要請される道徳として、「忠」と「孝」が説かれているのは、水戸学と同様である。その前提となっているのは、「我が国は一大家族国家であつて、皇室は臣民の宗家にましまし、国家生活の中心であらせられる」という「家族国家論」である。その萌芽はすでに水戸学にみられるが、厳密には明治になって成立したものである。その上で、「我等の祖先は歴代天皇の天業恢弘《てんぎょうかいこう》〔天皇の事業を押し広める〕

を翼賛し奉つたのであるから、我等が天皇に忠節の誠を致すことは、即ち祖先の遺風を顕すものであつて、これ、やがて父祖に孝なる所以である」として、水戸学と同様に「忠孝一致」が説かれている。

以上、『国体の本義』をみてきた。戦前の天皇制といったとき、多くの人がイメージするのは、このようなものであろう。しかし、いうまでもなく、こうした「国体論」は民主主義に適合的とはいえない。

ただし、戦前においても、こうした「国体」論とはかなり異なった天皇制に関する議論も行われていた。そこでは民主主義との関連も問題にされていた。次章では、そうした議論をみてみたい。

第二章　統治

戦前においては、主権者が明示されていない明治憲法における天皇の位置づけについての解釈をめぐって、さまざまな議論が交わされた。それは、「国体」というよりも、むしろ「政体」、特に「統治権」というものが誰にあるのかをめぐっての議論であった。

そこでは、天皇制のなかに、いかに民意を反映させていくかという問題が焦点となっている。天皇制と民主主義との関係を考える際、今でもさまざまなヒントを与えてくれるものがそこにはあるように思われる。

一　伊藤博文のみた明治憲法の本意

明治憲法を起草した中心人物である伊藤博文《いとうひろぶみ》は、明治憲法の注解書として『憲法義解《けんぽうぎげ》』を著している（この書は、実際は起草者たちによる共著ともいえる、半ば公的なものである）。

そこで伊藤は、明治維新というものが、旧時代の身分制を打破し、公民の「平等」を理想としたものであることを強調している。

「中古、武門の政、士人と平民との間に等族を分ち、甲者公権を占有して乙者預らざるのみならず、其の私権を併せて乙者其の享有を全くすること能わず。公民の義、是に於て絶滅して伸びざるに、近し維新の後、屢々《しばしば》大令を発し、日本臣民たる者始めて平等に其の権利を有し其の義務を尽すことを得せしめたり。(24)」

伊藤によれば、こうした「平等」を実現するための要となるのが天皇であるという。

というのも、「祖宗〔歴代の天皇〕の政は専ら臣民を愛重して、名《なづ》くるに大宝《おおみたから》の称を以てした」とあるように、天皇は代々臣民を「大宝」とよんで尊重してきたからである。

このように、「上に在ては愛重の意を致し待つに邦国の宝を以てし、下に在りては大君に服従し、自を視て以て幸福の臣民とす」というあり方こそが、「我が国の典故旧俗」であり、明治憲法に記された「臣民の権利義務」もそこに淵源するという。

ここには、西洋近代の「権利義務」という概念を天皇制の伝統と結びつけようとする苦心がみえる。

では、明治憲法の個々の条項に関して伊藤はどのように理解していたのであろうか。

明治憲法の第一条は、「大日本帝国ハ万世一系ノ天皇之ヲ統治ス」とされている。「万世一系」の天皇を政治の中心においた点には、明らかに水戸学や松陰の「国体」論の流れをみることができる。

ただし、「統治」という西洋起源の概念には、さまざまな議論があった。やはり憲法起草の中心人物であった井上毅《いのうえこわし》は、この部分に関して「日本帝国ハ万世一系ノ天皇ノ治《シラ》ス所ナリ」という私案を提出しており、「統治」という概念を使わずに、「治《シラ》ス」という言葉を使っている。「シラス（知らす）」や「キコシメス（聞こし召す）」は、天皇の伝統的な政治の仕方を表す尊敬語である。そこには、天皇の「統治」は天皇みずからが行うものではなく、臣下が行ったことを、お知りになり、お聞きになって、それを裁可するだけだという考え方がみられる。

伊藤の『憲法義解』においても、第一条の「統治ス」とは「シラス」のことであるとされている。その意味では、伊藤も天皇の親政を考えていたわけではないといえよう。

また、伊藤は天皇の統治とは公民のためのものでなければならないことを強調している。文武天皇の即位宣命にある「天下を調《ととの》へたまひ平《たひら》げたまひ、公民を恵《めぐ》みたまひ撫《な》でたまはむ」という言葉を引用し、「君主の徳は八洲臣民を統治するに在て一人一家に享楽するの私事に非ざることを示されたり。此れ乃《すなわち》憲法の拠て其の基礎と為す所なり」としている。

第三条「天皇ハ神聖ニシテ侵スヘカラス」の意味に関しても、伊藤は、「君主は固より法律を敬重せざるべからず。而して法律は君主を責問するの力を有せず」ということであるとし、天皇の政治的無答責を意味しているものだと解釈している。そこでは、天皇は政治的な実権を行使しないということが前提にされていると考えられる。

第四条は「天皇ハ国ノ元首ニシテ統治権ヲ総攬シ此ノ憲法ノ条規ニ依リ之ヲ行フ」とある。この条を説明するのに、伊藤は「主権の体」と「主権の用」という概念を使っている。「統治権」を総攬するのが「主権の体」としての天皇であるが、それは無制限のものではなく憲法の条規によって行われなければならない。それが「主権の用」である。「主権の用」については、それを三権に任せるという考え方を伊藤がしていたことは次の文からも分かる。

「君主は憲法の条規に依り之を行ふ者なり。故に彼の羅馬《ローマ》に行はれたる無限権限の説は固より立憲の主義に非ず。而して西暦十八世紀の末に行はれたる三権分立して君主は特に行政権を執るの説の如きは又国家の正当なる解義を謬る者なり。[25]」

天皇は三権のうち行政権を独裁できるといった考え方は誤りであるというのだ。その上で、「体有りて用無ければ之を専制に失ふ、用有りて体無ければ之を散漫に失ふ」とし、三権をまとめるのは天皇であるが、それは「専制」を意味するものではないとしている。

第十一条「天皇ハ陸海軍ヲ統帥ス」は、昭和に入って軍部が独走する根拠となった条項であるが、伊藤によれば、これは元来朝廷にあった兵馬の権が武門に帰してしまった歴史を精算し、「旧に復すること」をねらったものであるという。したがって、むしろ軍人が天皇のコントロールを離れて独走するのを抑えるための条項であったと思われる。

以上、伊藤の『憲法義解』をみてきたが、そこには天皇制という伝統的概念を利用しながら、そのなかにいかに近代的な「権利義務」や「三権分立」の概念を取り入れていくかに腐心していたかが理解できる。伊藤の考え方のなかには、すでに次に述べる「天皇機関説」の萌芽があったともいえよう。

二　美濃部達吉の「天皇機関説」の意味

明治憲法の正統的解釈として広く認知されたのが美濃部達吉の「天皇機関説」であった。そこには君主制と民主制とは矛盾するものではないという強い信念がみられる。ここでは一九一二（大正元）年に刊行された『憲法講話』を中心にみてみたい。

まず、美濃部は「国家は一つの団体である」とする。この場合「団体」とは、「共同の目的を以てする多数人の結合」であるという。そして「団体に属して居る各個人が団体の共同目的の為に働」くとき、「其の活動が団体自身の活動と看做《みな》さるゝ」のであるが、その際、「団体の為に働く所の人」を「団体の機関」とよぶ。したがって、ある団体に属する各個人は、基本的にはみな「団体の機関」であるともいえる。

「国家」は、そうした「団体」の一種類ではあるが、「其の目的の最も広い、其の結合の最も永久的のもの」である。「国家」はさまざまな「団体」のなかで、唯一いかなる権力の下にも服することなく、自分でみずから制限を加える以外には何者の命令も受けない。その意味で「最高の権力」を有している。ただし、それは「絶対無制限の権力」ではない。なぜならば、「国家」は一方で国際法の制限を受け、他方で国内法の制限を受けているからである。

美濃部によれば、「統治権」の主体は、「国家」という共同体それ自身にあるという。その場合、「統治権」とは「国内の総ての人民に対して命令強制を為し得るの権利」のことである。「国家」はそうした「統治権」に基づいて、自由に自国の「政体」を定めることができる。

美濃部は「統治権」と「主権」とを区別する。「統治権」は「国家」そのものにあるが、「主権」とは、「国家」内における「最高機関」のことをいう。したがって、君主が「主権」者であるといった場合、それは君主が「国家」内の「最高機関」であるということを意味するのであり、君主が「統治権」の主体であるということを意味するのではない。

そうした立場から美濃部は、「国体」とは誰が「統治権」の主体であるかによる区別であるとする考え方に反対する。そうした考え方によれば、君主が「統治権」の主体であれば「君主国体」、国民がそれであれば「共和国体」となる。しかし、美濃部によれば、「統治権」の主体は「国家」という共同体それ自身にあるのであって、その点は君主国も共和国も同じであるとする。

美濃部によれば、これらは「国体」の違いではなく、「政体」の違いであり、その場合「政体」とは、「統治権」を行使する「機関」の違いを意味しているという。それに対して「国体」という語は、「国家の成り立ち」といった広い意味で使われているとする。

美濃部によれば、そうした意味での「政体」は、「君主政体」と「共和政体」とに大別できるという。「国家」には無数の「機関」が存在するが、そのなかで必ず一つの「機関」が「国家」の最高の地位につかなければならない。「最高機関」の地位に当たるものが、一人の場合が「君主政体」であり、多数による合議体の場合が「共和政体」である。

ただし、「君主政体」といえども実際の政務は多くの「機関」に委任せざるをえず、「共和政体」といえども純粋な直接民主制は困難である。したがって、近代国家においては、両者を明確に分けることはできないと美濃部はいう。

なお、「君主政体」はさらに、総ての「機関」がみな君主の委任を受け、君主の命令のもとに事務を行う「専制君主政体」と、君主のほかに君主の命令の下に立たない独立の「機関」があって、それによって君主が法律上制限されている「制限君主政体」とがある。この「制限君主政体」の今日における代表的なものが「立憲君主政体」である。「立憲君主政体」は、国民の代表者である国会が置かれ、それが君主からは独立した地位をもっているというものである。それは、君主と国民とが共同して「国家」の権力を行使するものであって、「君民同治の政治」といえる。これは、イギリスにおいて発達したものであり、今日の日本もこうした意味での「立憲君主政体」であるとする。

美濃部によれば、日本の「政体」は歴史始まって以来、天皇による「君主政体」であったという。「君主政体」の基礎が強固という点で、日本は他国に例をみないとする。ただし、その具体的様態は時代によって変化している。最初は氏族制度を基礎とした「族長的君主政体」であり、大化改新後は「官僚的君主政体」となった。その後、藤原氏の時代や武士の時代は天皇の親政は行われなくなったが、形式上はなお天皇の委任に基づくものとされ、「主権」者としての天皇の地位は少しも揺らぐことはなかった。ただし、これらの時代は「君主政体の変態」といえる。

そして、明治維新後は再び「官僚的君主政体」が現れることになる。ただし、それは「立憲君主政体」でもある。それによって、国民全体が共同目的をもった統一的な「団体」であることが、全国民の間に自覚されるようになった。そして階級制度が打破されて国民が等しく公職に就くことができるようになったというばかりでなく、国民は被治者であると同時にみずから治者の一員としての地位を与えられた。「国家」の政治は政府のみが行うのではなく、政府と共に国民もこれにあずかるのである。

「苟も立憲政治下の国民たる以上は、自ら治者の一人であることを自覚して、徒に政府にのみ依頼するの念を去つて、自ら国政に付て相当の見識を養ひ、政府を督励して以て国利民福を全うすることを勉めねばならぬ。[26]」

と美濃部は説く。

以上のように、美濃部においては、「統治権」の主体はあくまでも「国家」であり、天皇は「統治権」の主体ではなく、「国家」の「最高機関」である。ただし、それは一部から批判があるような、天皇が最高の役人であるということを意味するものではない。役人は天皇の委任による「国家」の「間接機関」であるのに対して、天皇は「国家」の「直接機関」である。

天皇を「国家の機関」とすることは、我々の「尊王心」を傷つけるように思う人もいるかもしれない。しかし、天皇を「統治権」の主体と考える方が、かえって日本の「国体」に反すると美濃部はいう。法律上、ある権利を有するということは、その権利がその人の利益のために存することを意味しているが、天皇がみずからの利益のために「統治権」を行うということは、日本の歴史に反することである。「統治権」の主体が「国家」にあるということは、「統治権」が「団体共同の目的の為に存するもの」であることを意味している。まさに、歴代の天皇は常に国民全体の幸福をもって自己の幸福としてきたはずである。

また、帝国憲法においては、天皇の国務上の行為は自分の随意によってなすことはできず、かならず大臣の「輔弼《ほひつ》」によらなければ法律上の効力を生じない。すなわち、国家の政務について、君主はまったく無責任であって、国務大臣がその責任者である。「天皇ハ神聖ニシテ侵スヘカラス」というのは、そうした天皇の無責任の原則を表している。

また「天皇ハ国ノ元首ニシテ統治権ヲ総攬シ此ノ条規ニ依リ之ヲ行フ」とは、天皇は「統治権」の「総攬」者であるが、「統治権」の行使にあたっては、憲法の条規に従うという制限が設けられているということである。すでに述べたように、「統治権」の主体は「国家」であるが、その「統治権」を行使するのは、諸「機関」である。それらを「総攬」するのが天皇であるが、それは「法」の制限を受けるというのである。

そもそも、美濃部は「法」というものは、「国家」の意志や主権者の命令を超えたものでなければならないと考えていた。もちろん、一方で「法」は一般人の社会的信念が基礎となっていなければならず、したがって、それは習慣を基礎としていなければならない。しかし、何よりも「法」は「正義」にかなったものでなければならない。

「国家」は「正義」の擁護者として、「正義」を維持し公益をまっとうするために法律を作るのである。

以上のように、美濃部は明治憲法に能う限り民主的契機と普遍的契機とを含み込ませようとした。しかし、だからといって美濃部にとって君主制は決して足枷とみられていたのではなく、日本の有史以来の尊重すべき伝統と考えられていたのである。だからこそ、美濃部は戦後、新憲法に最後まで一人反対したのである。美濃部にとって明治憲法を民主的に解釈するということは、まさに日本の伝統に民主主義をどう根づかせるかという問題だったのである。

三　穂積八束の君権絶対主義の逆説

美濃部の「天皇機関説」の意味を一層際立たせるために、ここで、彼と対立していた穂積八束《ほづみやつか》の君権絶対主義をみてみたい。ただし、学会の主流は天皇機関説にあったため、穂積の説は影響力をもつことはなかった。

穂積においては、「国家主権は万世一系の皇位に在る」ということが「国体」であり、「統治権」の全権を天皇が総攬して統一を保持し、「統治権」の作用は三権に分かれるというのが帝国憲法の「政体」であるとされている。

穂積によれば、日本の「国体」においては、「皇位と国家とは法理上合同一体を成し分離すべからざる」ものであり、しかも「皇位」と「天皇」も明確に区別されていないので、結局「天皇」と「国家」とは一体なのである。したがって、美濃部のように「統治権」の主体と、「主権」とを区別するということもありえず、すべての権力が天皇に集中する。

穂積によれば、「立憲政体」の三権分立を統一し調和させるものは「主権」者であり、その力が絶大でなければ不可能である。もし「主権」者の独立自由を妨害するものがあるとすれば、それは権力が偏り、政府大臣あるいは国会の専制となっている場合である。

では、天皇の権力とは何か。穂積は、「権力は意思なり、意思を離れては権力なし」とする。「意思は人を離れて存在せず」と考えれば、結局「我が国体は皇位に在る自然人の自然意思を以て国家の法律意思とする者なり」とされる。

そうした天皇の意思は、「法」よりも上位にある。「皇位は権力の本源にして百法の出づる所」であり、憲法自体が天皇の定めるものとされる。

「天皇ハ神聖ニシテ侵スヘカラス」とは、天皇の「主権」が無限であり円満なものであることを意味している。君権を制限するものが立憲制の本領であるとし、憲法をもって「主権」を制限するものと考える者がいるが、それは誤っている。特に美濃部の「天皇機関説」は、「君主を以て国家最高の官吏とするもの」であると批判する。

こうして穂積の君権絶対主義は、天皇の「絶対自由意思」といったものに帰着することになる。しかし、考えてみると、それは皮肉にも日本の伝統的発想から最もかけ離れたものであるように思われる。「主権」という概念自体が西洋の絶対王政に淵源するものとされるが、穂積の説く天皇の「絶対自由意思」とは明らかに西洋的概念といえよう。

では、天皇がそれほどの絶対的権力をもつことがなぜ正当化されるのであろうか。穂積によれば、それが歴史的な事実であったからだという。その意味では、「国体」

とは「歴史の成果」であり、利害の問題ではなく「事実の叙述」であるとする。

しかし、歴史的な事実として天皇の「絶対自由意思」を説くのはいかにも無理がある。そこで穂積の後継者である上杉慎吉《うえすぎしんきち》は、同じく君権絶対主義を説きながらも、そこに道徳性という契機を入れてくる。上杉によれば、「高天原は具足完全なる、本来の最高の道徳たる理想国」であり、それを受けて「天皇は個々の徳行を超越せる、最高の道徳其れ自身にまします[27]」とされる。したがって天皇の統治は、「最高の道徳の実現たる活動」であるというのだ。

しかし、それでは天皇は「最高の道徳」に従う者となってしまい、君権絶対主義ではなくなってしまうのではなかろうか。

もっとも、穂積も天皇の「絶対自由意思」を説きながら、その自由意思は結局は「国家」のためにのみ発動されると考えている。

穂積にとって、「国家」とは民衆の機械的な総合ではなく、「永遠公同の生命と目的とを有する独立自存の団体」である。そこから、「我民族は同祖の血類にして我万世一系の皇位は即ち民族の始祖たる天祖の霊位たることを追想し、神聖なる皇位を崇拝し其威霊の下に同族親和の団結を成」すという、いわゆる「家族国家論」が説かれる。したがって、穂積にとって天皇の政治とは家長としての親心による政治ということになる。

穂積によれば、真に社会の平等を実現するには、天皇の権力による強制しかないという。

「貧弱なる者が、天賦自然に発生する社会的腕力智力財力の専横抑圧を免れ、之と平等の地位に立たんと欲するには、主権の保護の下に完全なる服従に甘んずるの外なし。(28)」

と穂積はいう。要するに「社会の平等は強大なる主権の下に於てのみ存す」というのである。

以上、穂積の君権絶対主義についてみてきたが、君主の「絶対自由意思」というものの自体が矛盾を抱えた概念であることが理解できるであろう。「絶対自由意思」とは、結局その内容を完全な道徳性とか国民の社会的平等の実現といったことで埋めていくしかないものなのである。しかし、それは「絶対自由意思」を放棄することでしかない。

四　北一輝の「維新革命」論

以上のような穂積の君権絶対主義を最も激しく批判し、さらには美濃部の「天皇機関説」をも批判したのが北一輝である。北は一九〇六（明治三十九）年に、『国体論及び純正社会主義』[29]で独自の天皇論を展開している。

社会進化論の立場に立つ北は、「国体」も「政体」も進化論的に考えなければならないとする。したがって、古代や中世のそれを参考にしても意味がないという。穂積八束は日本の「歴史」が万国無比であるがゆえに、日本の「国体」は万国無比であると主張しているが、それは無意味である。

昔の天皇は、今日とはまったく異なり、「国家」の所有者であった。しかし、明治維新後の天皇は日本帝国の「統治機関」である。そもそも北は、民主国といえども専制君主国といえども、「統治権」の本体は君主でも国民でもなく「国家」にあるとする。しかも、天皇はその「統治機関」であるというのであるから、ここまでは美濃部の「天皇機関説」と同じようにみえる。

しかし、北は近代国家の「立憲君主政体」というものは、「君主政体」でも「共和政体」でもなく、君主と議会とが合体した一団を「最高機関」とするものであるという。したがって、北によれば、美濃部のように君主一人を「最高機関」とするのは間違っている。「立憲君主政体」とは「平等の多数と、一人の特権者とを以て統治者たる民主的政体」であるとする。

北によれば、そうした「立憲君主政体」は、日本の歴史の進化の末に行き着いたものであるという。北は日本の歴史の進化を次のように考える。古代は進化の第一期である。そこでは天皇が唯一の君主であり、唯一の政権者であった。しかし、中世・近世は天皇以外にも多くの封建領主たちが「統治権」をもつようになった。それだけ政権の担い手が拡張したという意味で、それは進化の第二期である。そして、北は第三期の明治維新を「維新革命」とよぶが、「維新革命」とは「国家の全部に国家意識の発展拡張せる民主主義」を実現したものなのである。

ただし、「維新革命」の根本的意義が「民主主義」の実現にあったことを日本人は意識していない。維新は天皇とともに貴族階級を転覆した形において君主主義に似ているが、天皇も国民も国家の分子として活動した「絶対的平等主義」の点で「堂々たる民主主義」であるという。明治天皇は「維新革命の民主主義の大首領として英雄の如く活動した」のである。

維新後の天皇とは国家の全部の利益のために、利己心ではなく「高貴なる社会的利己心」によって、「社会の意志を発表しつつありし一国民」であるとする。

そもそも北は社会契約説を批判し、「社会的利己心」すなわち「相互扶助」を説く。北は進化論を前提とするが、そこでの最終的な優勝者は「相互扶助の最も強き生物」であるという。そうした社会の「相互扶助」を「発表」する存在が天皇なのである。

北によれば、伝統的な「国体論」の説く天皇は、「土人部落の土偶にして却て現天皇を敵としつつあるもの」であるという。北は「万世一系」も「忠孝主義」も批判し、そうした捉え方は、かえって「皇室を打撃迫害」するものであるとする。ただし、「維新革命」が「無計画の爆発」であったということも事実である。北は社会民主主義を理想とするが、それは現在「維新革命の歴史的連続を承けて理想の完き実現に努力しつつある」ところだという。北によれば、社会民主主義は法律上すでに実現しているといってもよいが、その経済的方面である、土地資本の国有化をめざす「経済的維新革命」が必要である。ただし、それは普通選挙権の実現を通して可能となるはずだという。

こうして北は、天皇制のもとにおいても、社会民主主義の実現は可能であると考えたのである。そこでは天皇制は取り除きたい足枷と考えられているのではない。北は、日本では天皇制のもとでこそ、そうした革命が可能となると考えているのである。

以上、伊藤、美濃部、北らの憲法解釈をみてきた。彼らによれば、明治憲法は天皇制の伝統を活かしながら、能う限り民意を反映しようとしたものであった。事実、後で述べるように、美濃部は新憲法の草案がＧＨＱから出されたとき、その内容は明治憲法下で充分に実現できるものであると主張している。

第三章　象徴

美濃部や北は、それぞれ立場は異なるが、君民一体の政治を理想とし、そのために果たすべき天皇の政治的役割について考えた。

それに対して、天皇の立脚点を政治から一定の距離をおいた、いわば文化的な領域におこうとする人たちもいた。もちろん天皇制というものは、成立の当初から「政治的概念」でもあって、純粋な「文化的概念」と考えることはできない。しかし、彼らは天皇が必要以上に政治に関わることに深い警戒心をもった人たちであった。

そうした考え方は、日本国憲法の「象徴天皇制」の先取りともいえる。「象徴天皇制」はＧＨＱによって提案されたものであり、「象徴」という言葉をＧＨＱが何を参考にして使ったのか、またそこにどのような内容を込めようとしたのかについては、さまざまな意見がある。しかし、「象徴天皇制」に近い考え方を説く者は、日本でも戦前からすでに存在していたともいえる。それらを振り返ってみたい。

一 「象徴天皇」論の先駆者 福沢諭吉

「象徴天皇制」の先駆けともいえる考え方として、最も早い例は福沢諭吉である。福沢は一八七五（明治八）年の『文明論之概略[30]』において、独自の「国体」論を展開している。

まず、福沢は「国体」というものを、天皇制と切り離して考えようとする。福沢によれば、「国体」とは「一種族の人民相集まりて憂楽を共にし、他国人に対して自他の別を作」るものだという。すなわち、一国の独立が「国体」の本質であり、他国の人間が日本の領土を支配するようになったら「国体」は断絶する。

したがって、君主の血統の連続性は「国体」とは関係がない。血統の保持よりも、一国の独立としての「国体」の保持の方がより困難である。皇統が続いたのも日本の独立が失われなかったからである。日本が万国に誇りうるのは、「万世一系」ということではなく、国の独立という意味での「国体」が失われなかったことであるという。

このようにして、福沢は「国体」という言葉を水戸学的な意味から切り離そうとする。そして、福沢は天皇の存在の意味を別の視点から考えようとする。それが『帝室論』である。先に述べたように、『帝室論』は一八八二（明治十五）年五月に刊行されたものであるが、この前年十月に国会開設の勅諭が出されている。

この書は、「帝室は政治社外のものなり」という有名な言葉で始まる。国会開設をめざして、政党を結成する者が次々と現れはじめるなかで、福沢は「我輩の最も憂慮する所のものは唯帝室に在り」とする。それは、これから政党間の政争が激しくなっていったとき、もし帝室がいずれかの政党に荷担するようなことがあれば、帝室を「怨望」する者が現れるかもしれないからである。そうなれば、「帝室は恰も政治社会の塵埃中に陥りて、その無限の尊厳を害して、その無比の神聖を損する」ことになってしまう。

しかし、だからといって「帝室を尊崇するの余りに社会の百事を挙て之に帰し、政治の細部に至るまでも一処に之を執らんことを祈る」のも間違っている。福沢は、「帝室は万機を統《すぶ》るものなり、万機に当るものに非《あら》ず。統ると当るとは大に区別あり」とする。

福沢によれば、立憲国においては、政治というものは法律を公布し、それに従わないものは罰するといった、はなはだ「殺風景」なものである。政治は社会の「形体」を整えるだけであって、人々の「精神」を掌握するものではない。日本では帝室こそが「日本人民の精神を収攬するの中心」となることができるものである。そのためには、帝室は「政治社外」になければならない。

また国会は「道理」の府であって、「人情」を尽くすものではない。西洋では、そうした側面は宗教が果たすが、日本の宗教は寺院内の説教にとどまるものでしかない。「人情の世界を支配して徳義の風俗を維持」するのは、帝室のみである。

これから国会が開設されれば、軍人もそれに従わざるをえないが、しかし名誉を重んじる軍人がそれに「心服」しないことも予想される。その際、帝室を通して命令すれば「軍人も始めて心を安んじ」ることになるであろう。

そもそも、社会というものは一種の「緩和力」というものがあって、はじめて安寧を維持できる。西洋ではキリスト教という宗教がその役割を果たしているが、日本では帝室にそれを求めるしかない。

西洋でも王室をもつ国は多い。共和国の国民のなかには、それを「人主が愚民を籠絡するの一詐術などとて笑う者」もいるが、そうした者は「畢竟政事の艱難に逢わずして民心軋轢の惨状を知らざる」者である。日本国民が帝室を奉戴するのは、開闢以来の旧恩に報じるためだと考える者もいるが、帝室は今日において「緩和力」としての重要な働きをしているということを知らない。明治維新という「革命」がありながらも、それが穏やかに実現したのは帝室の力によるものである。

福沢は、これから民権論者にしろ、守旧派にしろ、「政談を争うは自由自在にして、気力のあらん限りに勉強〔努力〕すべし」として、徹底した論争が行われることを期待している。すでに『文明論之概略』で福沢は、「人事の進歩は多事争論の間に在り」と説いている。しかし、いずれの党派であれ帝室に近づいてそれを利用しようとしてはならないとする。最近、「民権党」に対抗して「官権党」といったものを作ろうとする動きがあるが、官権とは帝室の威光の下にあるものであって、それが党派を募るなどということがあってはならない。

また、帝室は学問芸術を奨励する役割をもつ必要もある。日本では学問を尊ぶ気風がなく、注目を集めるために政談に奔走する学者も多い。帝室が後ろ盾になれば、「政治社外に純然たる学者社会を生じる」ことができ、「学問の独立」にもなる。また、目下の人事に不用な芸術を役人が奨励するとは思えない。その際依頼すべきは帝室である。

最後に福沢は帝室の役割を次のようにまとめている。


「帝室は人心収攬《しゅうらん》の中心と為《な》りて国民政治論の軋轢を緩和し、海陸軍人の精神を制してその向う所を知らしめ、孝子節婦有功の者を賞して全国の徳風を篤くして、文を尚び士を重んずるの例を示して我日本の学問を独立せしめ、芸術を未だ廃せざるに救うて文明の富を増進する等、その功徳の至大至重なること挙げて云うべからず。[31]」

では、なぜそこまで重要な役割を帝室が担うことができるのであろうか。通常であれば、そこに記紀神話を持ち出し、神々との関わりを強調することになるのであろうが、福沢はそうしたことには触れない。一八八八（明治二十一）年に刊行された『尊王論』によれば、帝室の尊厳神聖は人々の「尚古懐旧の情」に基づくものであるという。そもそも世間で珍重される至宝はたいてい古いものである。それは家系に関しても同様であり、その点で帝室は世界でも比類のないほどの古さを誇っている。そこから人民が帝室に畏敬の念をもつのは当然であると福沢はいう。

さて、以上のような福沢の天皇論は、「象徴天皇制」の遠い先駆けといわれたりする。特に特徴的なのは、それが国会開設との関連のなかで説かれている点である。福沢は、これから大いに民主主義的な議論が活発化することを願っている。しかし、だからこそ、それによって国内が分裂対立することを恐れ、「緩和力」としての天皇制に期待を寄せたのである。西洋では王室やキリスト教がそのような役割を果たしてきたというが、日本では皇室がそのような力をもっていると福沢は考えたのである。それは裏を返せば、民主主義を進展させるために必要なものとしての天皇制という議論である。

さらに、もう一つ福沢の天皇論で重要なのは、皇室を単に「政治社外」に置いて、政争の緩衝剤にするというだけでなく、政治の世界そのものを相対化し、それに対して非政治的観点から批判を加える権威としようとするねらいがみえる点である。

こうした考え方はすでに、『文明論之概略』にみえる。そこで福沢は、権力の価値の一元化を排除し、ヴァリュー・システムの多元化と流動化をもたらすことこそが文明化ということであると説いている。そして、そうした観点から中国と日本とを比較している。

福沢によれば、中国の支配システムは、「至尊の位」という個人の精神的な拠り所と「至強の力」という政治を行う力とを皇帝が独占している。そのため独裁制となり、人民の心が一元化してしまっている。それに対して日本の場合、古代では天皇親政によって「至尊の位」と「至強の力」とが一致していたが、中世になって武士政権が生まれて以降、「至尊の位」は天皇に、「至強の力」は武家政権へと分かれた。そうした天皇制のあり方を福沢は中国の皇帝制に較べて評価している。西洋では、キリスト教や学問世界というものが、絶えず政治の俗権を批判し相対化してきた。そうした力を福沢は天皇制に期待したのである。

しかし、その後の歴史の現実は、「至尊の位」と「至強の力」の双方を天皇が独占するという最悪のコースを辿ってしまったことはいうまでもない。

二　和辻哲郎の「全体性の表現者」論

ある意味で、戦後の「象徴天皇制」と最も近い考え方を戦前からしていたのが、和辻哲郎である。

和辻は、自己の天皇観を根拠づけるために、デュルケイムやフレーザーなどの社会学や文化人類学の宗教論を援用している。

デュルケイムは、宗教とは社会が自らの全体性を聖なるものとして自覚する「象徴」の体系であり、神というものもまた、そうした社会の全体性の「象徴」であると考えた。そうした考え方を受けて和辻は、どのような民族においても、古代においては、社会の「生ける全体性」を神聖なる神によって表象したと考える。そして、そうした考え方が日本では、近代社会としては例外的に、天皇制という形で存続してきたのだとする。つまり、天皇とは「全体性の表現者」なのだというのである。

こうした見方は、論文「上代における「神」の意義の特殊性」[32]（一九三六年）において、フレーザーの「祭司王」の考え方を取り入れながら、一層明確に理論化される。和辻によれば、『古事記』に登場する神々のうち、天皇の権威を支える皇祖神・天つ神は「祀られる」だけではなく、みずからもまた「祀る神」である。しかも、これらの神々が祀っているのは、特定の絶対神といったものではなく、民族の神聖なる「生ける全体性」であると解釈する。これらの神々は、自己自身の内に権威の源泉があるのではなく、祭祀を通して「生ける全体性」が発現してくる「通路」となることによってのみ、神聖性を帯びてくるというのである。和辻によれば、天皇もまたこうした「通路」としての「祀る神」なのだという。

こうした考え方の萌芽は、すでに大正期からみられる。たとえば『日本古代文化』(33)（一九二〇年）で和辻は「民衆の会議と神の意志の啓示とは別物ではない」とし、「神の心、即ち団体の心が、君主に於いて象徴せられるのである」と述べている。大正デモクラシーの洗礼を受けた和辻は、デモクラシーと天皇制とは矛盾するものではないと考えようとしていたのである。

以上のように、和辻においては、天皇の権威の根拠は、伝統的な「国体」論者が主張したように天孫降臨の神勅が保証する「万世一系」にあるのではなく、あくまでも「国民の全体性の表現者」であることにある。

和辻は、明治維新の動機として「尊皇」ということをあげ、それは封建時代における君臣の個人的関係を否定し、「日本国民の全体性」に帰ることを意味していたとする。なぜならば、当時の人々は皇室こそが「国民の全体性の表現者」と考えたからであるという。

こうした和辻の説く「国民の全体性の表現者」という概念は、「象徴」と言い換えてもよいものであろう。事実、使用例は少ないが和辻は戦前から「天皇」を「象徴」

とよんでもいる。

三　津田左右吉の皇室擁護論

和辻と同様に天皇を「象徴」的な存在と考えたのが津田左右吉《つだそうきち》である。ただし、津田は和辻とは異なって、天皇が当初からそうした存在であったわけではなく、歴史の経過のなかで、そうした地位を獲得していったのだと考えた。

周知のように津田は記紀の史料批判を行ったが、右翼の批判を浴びたのをきっかけに、一九四〇（昭和十五）年に早稲田大学教授を辞職させられ主著も発禁処分となった。しかし、そうした津田は戦前戦後一貫して天皇制擁護の立場をとっていた。

そのことは、新憲法公布前の一九四六（昭和二十一）年四月に雑誌『世界』に発表された論文「建国の事情と万世一系の思想」(34)によく表れている。

この論文で津田は、まず記紀の記述は歴史的事実を記述したものではないという戦前の主張を繰り返している。その上で、一つの試案として、国家の成り立ちの歴史の概略を記述している。それによれば、皇室の先祖はもともと、一、二世紀の頃のいくつかの小国家の一つであった「ヤマト地方の君主」であり、それが周囲の小国を服属させ、その上に君臨するようになり、やがてそれらを直接の領土としたという。その「ヤマトの国家」が日本を統一するのだが、いつを「建国」の時期とすべきかは正確には分からない。「神代の説話にもとづいて、皇室は初から日本の全土を領有せられたように考え、皇室のはじめと日本全土の領有という意義での建国とが同じであるように思」うのは間違っているという。これは戦前からの津田の一貫した立場である。

この統一の事業は、小国の君主を服属させることによって行われたものであり、直接民衆を相手にしたものではない。したがって、そこでは民衆と皇室との直接の結びつきは、まだ生じなかった。皇室に服属した民衆も、国造になった地方豪族も、皇室と血族的関係をもったわけでもないし、ましてや、「家族国家論」が説くように、日本の国家が皇室を宗家とする一大家族となったわけでもない。

五世紀になると、皇室の地位は動かすべからざるものとなり、それに反抗したり、その地位を奪おうとするものはなくなっていった。そうなった理由を津田は五点ほどあげている。

第一は、皇室が日本民族の外から来た征服者ではなく、民族の中から次第に起こってきたということである。しかも皇室による統一は、比較的平和裡に行われたと考えられる。

第二は、アイヌなど以外には異民族との戦争のなかったことである。半島への武力的進出はあったが、それは皇室が先頭に立ったものではなかった。津田は神功皇后の遠征はフィクションであるとする。

第三は、天皇みずからが政治に当たるということがなかったので、失政ということもなかったということである。「政治は天皇の名において行われはするが、その実、その政治は重臣のするものであることが、何人にも知られて」いたのである。

第四は、天皇に宗教的な任務と権威があったということである。それは民衆のために、種々の呪術や神の祭祀を行うことである。そこに天皇の精神的権威があり、何人もその権威を冒涜しようとはしなかった。天皇が神とされるのは、神と人との媒介をする「巫祝《ふしゅく》」が神とされるのと同様であり、超越した神に代わって天皇が政治を行うとか、天皇自身が何らかの神秘性を帯びているというような意味ではない。

第五は、皇室が新しい文化の指導的地位に立っていたということである。そのことが、皇室に近づくことによって、その文化の恵みに浴しようとする態度を人々にとらせたのである。

以上の五つの理由によって、皇室は「親しむべき尊むべき存在」となったという。そして、皇室が長く続いてきたことが、それを自然的な存在であるかのように思わせ、皇室を未来にも長く続けさせることを道徳的義務として感じさせるようになっていった。

以上のように、天皇制というものは歴史的経過のなかで定着していったものであり、記紀神話は、歴史的事実ではない。しかし、そういう物語を作り出した権力階級の思想として意味があるという。皇室の祖先は日の神アマテラスであり、皇位はそれから伝えられたとする物語は、政治的君主としての天皇の地位に宗教的性質があることと、皇位の永久性を表現しているのだと津田は解釈する。また、そこでは皇室が国家の統治者として描かれているが、その事業の内容には触れておらず、国家の大事は神々の合議によって行われたことになっている。血なまぐさい戦争の話はなく、豪族はその家が皇室から出たもののように系譜を作り、皇室に依拠することによってその存在を示そうとした。

長い歴史のなかで、天皇の親政が行われたのは例外的な時期だけであった。天皇は政治上の責任のない地位にいたことが皇室を永続させた理由の一つである。しかし、皇室が永続したのは、そうした消極的な理由ばかりでなく、皇室に精神的権威があったからでもある。そうした精神的権威があったからこそ、時々の権力者に実際の政治は任せることができたのである。

こうして、時々の政治的実権を握るものが、皇室の下に存在し、皇室そのものには少しの動揺もない、一種の「二重政体」という「世界に類のない国家形態」ができたのである。ただし、皇室の精神的権威というものは、政治的権力から完全に分離した宗教的権威といったものではなく、どこまでも「日本の国家の政治的統治者としての権威」である。ただ統治の仕事を皇室みずから行わなかったという点で精神的ということである。

ただし、神代の物語の作られたころと後世との間には、天皇観にいくつかの違いも生じている。一つは「現《あき》つ神」という呼称があまり用いられなくなった。また、神々の祭祀と同じように仏事も天皇によって営まれるようになった。さらに、儒教思想の「天子」の観念が天皇に適用されるようになり、天皇は仁政を行い民を慈愛すべきだという君徳が求められるようになった。ただし、天皇が親政しないからこそ、そうした理想が求められたのだともいえる。

しかし、十九世紀の世界情勢が「二重政体」の存続を許さないようになる。日本が世界のなかで立つためには、朝廷か幕府か一つでなければならなくなった。明治維新によって国民が一つに融合したことによって、皇室がはじめて一般国民に直接対することになった。天皇親政が採られながらも、「与論政治」「公議政治」が要求されたのはそのためである。「立憲政体」は、政治を国民みずからの政治とすることによって国民が責任をとるとともに、天皇を政治上の責任のない安泰の地位に置き、それによって皇位の永久性を確実なものにしようとしたのである。

しかし、実際の権力をもった藩閥政府はそうした傾向に逆行し、「皇室を国民とは乖離した高い地位に置くことによってその尊厳を示そう」とし、ヨーロッパから取り入れた「帝王と民衆とを対立するものとする思想」を根拠として、国民を抑圧しようとしたため、「国民は皇室に対して親愛の情を抱くよりはその権力と威厳とに服従するようにしむけられた」のである。その教育は神代の物語を歴史的事実のように説くことによってなされ、皇室と国民との関係に、封建時代に形づくられた儒教道徳の用語によって表現された君臣間の道徳思想を当てはめようとした。そして憲法の「輔弼」の道を誤り、皇室に責任を帰することになってしまった。

しかし、真に教養あるものは、「遠い昔からの長い歳月を経て歴史的に養われまた固められた伝統的思想を保持すると共に、世界の情勢に適応する用意と現代の国家の精神に調和する考え方によって、皇室の永久性を一層明かにし一層固くすることに努力して来たのである」という。

それに対して、軍部は「恣なしわざを天皇の命によったもののように見せかけ」、戦争を天皇の意志から出たものだとした。しかも、天皇を神として神秘化し、そこに「国体」の本質があるとする、現代人の知性に適合しないような思想を宣伝した。

それによって今日、天皇制と民主主義とは相容れず、天皇制の廃止を主張するような者も現れたのである。しかし、これは民主主義も天皇制も理解しないものである。「日本の皇室は日本民族の内部から起って日本民族を統一し、日本の国家を形成してその統治者とな」ったのである。「皇室は高いところから民衆を見おろして、また権力を以て、それを征服しよう」としたことは一度もない。民主主義の思想と国家の統治者としての皇室の地位は、「皇室が国民と対立する地位にあって外部から国民に臨まれるのではなく、国民の内部にあって国民の意志を体現せられること」によって調和される。国民の側からいうと、民主主義を徹底させることによって、それが実現する。「国民が国家のすべてを主宰することになれば、皇室はおのずから国民の内にあって国民と一体であられることになる」のである。

このように津田は、天皇を「国民の内部にあって国民の意志を体現」するものと捉え、記紀神話がフィクションであったとしても、長い歴史を経て、その意義は変わらないとした。それは、和辻の「国民の全体性の表現者」としての天皇観と近い考え方といえよう。

この津田の論文は雑誌『世界』に掲載されたものであるが、天皇制批判が高まっていた時期にあって天皇制擁護の内容であったために、羽仁五郎《はにごろう》がこのようなものを載せれば民衆からギロチンにかけられると危惧し、編集部に書き直しを求めたというエピソードもある。津田は変節したという意見もあったというが、津田の考え方は戦前から一貫したものである。

四　西田幾多郎の「無」としての皇室論

天皇に象徴的意味をもたせようとする考え方のなかで、特に注目すべきなのは西田《にしだ》幾多郎《きたろう》の「皇室」論である。

和辻や津田が天皇を「国民の全体性」の「象徴」としたのに対して、西田は『日本文化の問題』[35]（一九四〇年）において、「皇室」を「絶対無」の「象徴」と考え、世界的な視野から、そこに積極的な意義をもたせようとしている。

まず西田が注目するのは、今や世界が「一つの世界」になろうとしているという現実である。今まで世界は多様な文化が並立する「空間」的な「横の世界」でしかなかった。そこでは世界全体を考えるにしても、抽象的にしか捉えることができず、「コスモポリタン的な世界主義」しかなかった。しかし、今や世界は一つの「時間」的な「縦の世界」となった。

世界が「横の世界」から「縦の世界」になればなるほど、「主体と主体との闘争は免れない」という（この場合の「主体」とは「民族」「国家」のことである）。世界が一つになろうとするとき、従来西洋では「一つの主体が世界にならう」として、そこに帝国主義が生まれた。そのため、「悲惨なる戦争に陥るの外はない」状況となり、「人間文化の滅亡」のおそれもはらんで、「全人類が歴史的危機に臨」んでいる。

こうした「歴史的危機」を克服するための方途として、西田が説いたのは、あくまでも世界が「創造作用に於て一となる」ということである。それは一つの主体が他の主体を征服するのではなく、「各《おのおの》の主体が何処までも自己自身でありながら、一つの世界を構成して行く」ということである。

その際西田は、日本の「皇室」制度には帝国主義を克服するためのヒントがあると考える。日本の歴史においては「主体」的な権力者は、蘇我氏、藤原氏、武家政権とさまざまに変わってきた。しかし、「皇室は此等の主体的なるものを超越して、主体的一と個物的多と矛盾的自己同一として自己自身を限定する世界の位置にあった」とする。

「主体的一と個物的多と矛盾的自己同一として自己自身を限定する世界」とは、西田の言葉でいえば「絶対無」というものに当たる。すなわち「皇室」とは、「絶対無」を根拠として「主体」的なるものを超越し、「主体」と「主体」との対立を融和させようとするものであるというのだ。

このように「皇室」を考えることができるとするならば、こうした発想は、「世界史的闘争の危機」を克服する可能性をもっているという。その意味で、「我々の歴史的発展の底」にある「自己形成の原理」には、「世界に貢献」できる要素があり、それが「皇道の発揮」ということであり、「八紘一宇の真の意義」だという。

西田は、ここで「皇道」や「八紘一宇」という言葉を使っているため、戦後さまざまな誤解を受けることになったが、しかし、いうまでもなく「主体」化された意味での「皇室」を世界に押し拡げようとしているのではない。そうしたことは、「皇道の覇道化」であり、「皇道を帝国主義化」することだと西田は再三批判している。(36)

また、現行の「皇室」をそのまま「絶対無」と一体化しようとしているのでもない。日本は「東洋の一孤島に位し、何千年来、殆ど閉ぢられた社会」であって、「多くの環境的否定を通さない」からこそ、「皇室」制度というものが存続したのだとも西田はいう。したがって「皇室」制度の意義を活かすといっても、まず日本そのものが「世界の日本」「世界に面しての日本」として、「横の世界性」を身につけなければならないとしている。

さらに西田は、「我国の国体には、自ら法の概念をも含まれていなければならない」として、「皇室」制度にも「法」による規定が不可欠であることを強調している。そこから西田は「家族国家論」を批判し、「皇室」は「家族的と云う如きものには、超越的でなければならない」とする。当時、喧伝された「八紘一宇」とは、「家族国家論」を世界に拡大しようとするものであったことを考えれば、少なくとも西田のいう「八紘一宇」が当時の通念とは異なったものであったことは明らかであろう。

このように西田の「皇室」論は、単に「皇室」の本来の意義を語ろうとしただけのものではなく、これからの「皇室」のあるべき姿、すなわち新しい「皇室」の「創造」を提起したものなのである。

以上、福沢、和辻、津田、西田の天皇論をみてきたが、彼らは天皇制の本質を現実の政治とは離れたところに置こうとした点で共通している。そう考えると、「象徴天皇制」に近い考え方は、戦前から一つの流れとして存在していたといえるのではなかろうか。

第四章　論争

前章で「象徴天皇制」の先駆けともいえる考え方をみてきた。では実際にGHQから「象徴天皇制」を含んだ新憲法の草案が提示されたとき、日本側はどのような反応を示したのであろうか。

そこでは、いくつかの論争が起こった。それは、「象徴天皇制」とは何か、伝統的な天皇制とどのような点で非連続なのか連続なのかをめぐっての貴重な議論であった。

一　美濃部達吉と南原繁の新憲法批判

美濃部達吉は、一九三五（昭和十）年に帝国議会で「天皇機関説」が問題にされたことをきっかけに、貴族院議員を辞することとなった。しかし戦後は、内閣の憲法問題調査会の顧問や枢密顧問官として憲法改正に関与した。しかし、新憲法に関しては、GHQにその権限はないとして、その有効性を批判し、憲法草案の議会提出前の採決には一人反対したし、議会の採決でも欠席棄権した。美濃部は新憲法の国民主権は、「国体」を変更するものとして、それに反対したのである。

南原繁も当初新憲法には反対であった。南原は憲法草案に「国民の総意が至高である」とされているのは、明らかに「国民主権」を意味し、それは「国体」の変更を意味しているとしている。南原は民主主義そのものには反対ではなかったが、彼の考える民主主義とは君主主権と矛盾しないものであった。

南原は、「民族共同体」または「国民共同体」というものを考える。それは、個人に基礎を置く十八、十九世紀の「自由主義的民主主義」から、新たな「共同体民主主義」への発展をもたらす概念であるとする。それを南原は「リベラル・デモクラシー」に対して「ゲマインシャフト・デモクラシー」と呼んだりもしている。そして、それは日本においては、「人間としての天皇を中核とし、国民の統合を同じく人と人との相互の信頼と尊敬の関係に置き換えたところの、新しき倫理的文化的共同体を意味するもの」であり、君主主権と民主主権との対立を超えた、日本の歴史における「君民同治」の伝統を生かすものであるという。

南原によれば、憲法草案で三権分立が徹底されたのはよいが、法的政治的統一という面は空白に残されているという。そして、そうした統一を充たすのがまさに天皇であるとする。そのためには、単なる「象徴」ではなく、「日本国家統一意志の表現者」とし、国家の統一性を保証する一つの「機関」でなければならないと主張する。「象徴」という言葉は、「本来、詩的芸術的な言語がもつ神秘性により、天皇制を潤色」するものであるとして批判した。

南原は「天皇の名において人間の自由と権利が再び蹂躙される余地のない平和民主日本の建設」が実現すれば、「天皇制と民主主義とは本来いささかも矛盾することなく結びつき、ここに「日本的民主主義」が実現される」としている。

また南原は、美濃部と同様に新憲法の作成過程そのものにも批判的で、憲法は国民の主体的な議論のなかで作られなければならないとしている（ただし、南原は後に新憲法を容認するようになる）。

以上のように、美濃部や南原、さらには次に述べる佐々木惣一《ささきそういち》もそうであるが、彼らは共通して、憲法は国民の手によって自主的に作られなければならないとした点で共通している。それは裏を返せば自分たちで作った明治憲法に対する自負の念を意味しているともいえる。そしてＧＨＱが求めているような「平和民主日本の建設」は明治憲法下においても、正しく運用されれば充分実現できると考えているのである。

二　佐々木惣一・和辻哲郎論争

新憲法がはたして「国体」を変更するものであるかどうかについては意見の対立があり、いくつかの論争も起こった。

まず、佐々木惣一と和辻哲郎との間の論争をみてみよう。

佐々木は、新憲法によって「国体」は変更したと主張する。美濃部も新憲法は「国体」の変更であるとしたが、両者は「国体」の捉え方が異なっている。佐々木も「統治権」の主体は常に「国家」であるとする点では美濃部と変わりない。しかし、美濃部が「政体」の問題であるとした「統治権の総攬者」が誰かということこそ、まさに「国体」の問題であるとした。それが単数の場合は君主制、複数の場合は共和制となるというのだ。ただし、こうした「政治の様式より見た国体の概念」とは別に「精神的観念より見た国体の概念」もあるが、両者は厳しく区別されなければならないとする。そして、「政体」とは「統治権の総攬者」がいかなる方法で「統治権」を行うかという点からみた国家の形体であり、それは、専政制や立憲制などに分かれるという。

佐々木によれば、明治憲法の「国体」は、「万世一系の天皇が万世一系であるということを根抵とした統治権の総攬者である」という君主制にあり、「政体」は天皇の権限に対して政府が憲法に基づいて一定の制限を加える立憲制にあるとする。

その上で佐々木は、新憲法の「主権を有する日本国民」という言葉は、「統治権の総攬者」が天皇ではなく、日本国民に移ったということを表しており、まぎれもなく「国体」の変更を意味しているとする。

そして、佐々木自身はこうした「国体」の変更は必要なかったとする。近年の日本の誤った行動は、天皇への協力機関の罪であって、天皇が「統治権の総攬者」であったことによるのではない。したがって、天皇への協力機関を徹底的に改革すればよいことである。ポツダム宣言も「自由に表明された日本国民の意志により樹立されるべき」ことを要求しているのであって、「国体」の変更を要求しているわけではないとする。

こう述べると、佐々木は守旧的な憲法学者のように映るであろうが、彼は大正デモクラシー推進の代表的人物であったことを想い起こすべきである。彼が「統治権の総攬者」としての天皇にこだわるのは、それが日本の伝統に根ざしたものであり、ひいては国民の自主性に基づくものだと考えていたからである。

こうした佐々木の考え方に対して、反論を加えたのが和辻である。まず、和辻は二つの点で佐々木を批判する。第一は、「統治権の総攬者」が誰かといったことは「国体」などとよぶ必要はなく、むしろ「政体」の問題ではないかということである。第二は、佐々木が日本の「国体」は伝統的に天皇が「統治権の総攬者」であることだとした点である。それは事実ではないと和辻は批判する。和辻によれば、長い武家政権の時代などを考えれば、そもそも天皇はつねに「統治権の総攬者」であったわけではなく、先に述べたように、むしろ「国民の生ける全体性の表現者」ともいえる存在であったという。そうした観点から新憲法をみると、天皇が「日本国民統合の象徴」であるとされていることは、伝統的な天皇の規定にむしろ近いものであるというのだ。

では、天皇を「統治権の総攬者」と規定した明治憲法との関係はどうであろうか。和辻は、天皇が「日本国の象徴」とされ、「この地位は、主権の存する日本国民の総意に基づく」とされている点を考えれば、「統治権の総攬者」という観点からみても、明治憲法と根本的な変更はないと主張する。というのも、この規定によれば、主権をもつのは「日本国民の全体意志」であって、個々の国民ではない。だとするならば、「統治権総攬の唯一の表現者」として、主権を「象徴」するのは天皇のはずである。もちろん天皇は「統治権の総攬」という意志作用を実際に行うことはできないが、その意志作用を「表現」しうるのは天皇のほかにはない。総理大臣の任命や法律の公布は単なる名目上の行為に過ぎないのではない。国民の全体意志の作用は、そうした行為なくしては、現前しないのだと和辻はいう。

もちろん、明治憲法と異なり新憲法では、「統治権の総攬」という意志作用を行うことができなくなったということは大きな違いかもしれない。しかし、明治憲法下においても、天皇の意志として発表されたことは、実際は憲法の規定するそれぞれの「機関」で決定されたものであったことは一般に認められている通りである。「英断」によるポツダム宣言受諾は、「きわめてまれな例外」であったにすぎないと和辻はいう。

和辻は「国体」という言葉を使うことを戦前から好まなかったが、それを「国体」という言葉でよぶならば、明治憲法と新憲法の間には変更はないというのである。ただし、先に述べたように、こうした「統治権の総攬者」が誰かといったことは、和辻にいわせれば、「国体」ではなく「政体」の問題である。佐々木は両者を混同したために、一方で「精神的観念より見た国体の概念」もあるとせざるをえなかったのだという。しかし、和辻はこの概念にも反対する。佐々木は「精神的観念より見た国体の概念」を定義して、「国家における共同生活に浸透している精神的倫理的の観念という面から見て、いかなる国柄のものであるか」ということであるとする。和辻にいわせれば、こうした意味での「国体」もやはり国家が前提とされ、政治の問題と切り離すことはできないのではないかという。

以上のような和辻の批判に対して、佐々木は次のように反論する。

和辻は、伝統的に天皇が「統治権の総攬者」であるということは歴史的事実ではないとしたが、問題にしているのはあくまでも法的事実であり、近代以前においても永くそうした法的事実は存在したと佐々木はいう。形式的とはいえ、徳川将軍を任命するのは天皇であったのは、天皇が「統治権の総攬者」と考えられていたからである。

その上で佐々木は「統治権の総攬」と「統治権の発動」とを区別する。「統治権の総攬」というのは、「統治権という国家の包括的意思力を全体としてつかんでいること」、言い換えると「統治権の源泉であること」である。しかし、個々の事柄については、「統治権」を発動せず、他の者に委任するということもありうるのだという。

たとえば、徳川幕府は「統治権」を行うことを天皇から委任されていたというのである。

こうした佐々木の反論に対して、和辻はさらに反論を加えている。和辻によれば、徳川幕府は天皇から政権を委任されているという考え方は当初からあったものではなく、江戸後期になってはじめて出てきたものである。そもそも長期にわたって「統治権の発動」に関わっていない者を「統治権の総攬者」といえるのであろうか。ましてや鎌倉幕府や室町幕府が天皇の委任を受けていたと考えることはできない。たしかに、これらの時代においても、形式的とはいえ将軍を任命できるのは天皇であった。しかし、天皇は法律に定められているから将軍を任命する権威をもっていたのではなく、武力の掌握者も、その実力にかかわらず認めざるをえない伝統的な権威を天皇がもっていたからこそ任命できたのである。それは天皇が「国民の全体性」を表現するがゆえに生じた権威であり、国法の定めによって初めて成立したものではない。

以上のように、この論争で佐々木は、天皇が「統治権の総攬者」であるということが、決して譲れない日本の「国体」の伝統であると主張している。それに対して和辻は、新憲法においても天皇が「統治権の総攬者」であることには変わりないとしている。しかし、この点はやや詭弁に映る。むしろ、この論争で和辻が最も主張したかったのは、天皇の本質は、「統治権の総攬者」にではなく、「国民の生ける全体性の表現者」という点にあるのだということであった。そのことを「象徴」とよぶならば、和辻にとって新憲法の「象徴天皇制」とは天皇制の伝統のエッセンスを抽出したものだといえよう。

三　宮沢俊義・尾高朝雄論争

次に宮沢俊義《みやざわとしよし》と尾高朝雄《おたかともお》との論争をみてみよう(37)。

周知のように、新憲法は明治憲法の改正という形をとって成立したが、もしそこに「国体」の変更があったとしたならば、そうした大きな変更を旧憲法の改正という形で行うことができるのかという議論が起こった。

その問題に答えようとしたのが、宮沢俊義である。宮沢は新憲法で天皇主権が否定された以上、「国体」は変更されたとする立場をとる。では、それがなぜ明治憲法の改正という形で可能であったのか。そこに登場したのが有名な「八月革命説」である。宮沢は一九四五（昭和二十）年八月にポツダム宣言を受諾したとき、天皇による国民への主権の委譲ということが同意・承認されたのだとする。そして、このときに明治憲法は効力を失うという「革命」が起こったのだと考える。新憲法はそのようにして新たに主権者となった国民によって制定されたものであり、旧憲法の改正ということは形式的なことだとする。

もちろん、こうした「八月革命説」は理論上要請された、まったくのフィクションであることはいうまでもない。ましてや、憲法問題調査委員会が出した新憲法案のうち、「松本乙案」とされるものは、実際はそのメンバーであった宮沢が書いたとされているが、その内容は明治憲法の原則を変えるものではなかった。ＧＨＱ案が出てから彼の考え方が一変したことには批判もある。(38)

こうした宮沢の考え方に対して、尾高朝雄は天皇の統治を中心にした日本の伝統的な「国体」は、主権在民と決して矛盾するものではないとした。その意味で、尾高は明治憲法と新憲法との間に「国体」の変更はないとする。

尾高は東京帝国大学の法学部を卒業した後に、京都帝国大学の哲学科に学んだ経歴があるだけに、独自の思索を展開している。

尾高によれば、「法」というものには二つの捉え方があるという（ここで尾高のいう「法」とは人定法を指している）。一つは「力」が「法」の上にあるという考え方である。すなわち、「法」は「強者の権利」であると考えるものである。民主主義国家であっても、国民の「主権」を国家における最高の政治的権力とする考え方は、「力」が「法」の支配者であることを認めているのである。

もう一つは、「法」の上に「正義」の理念を置く考え方である。いかなる「力」も「法」の上にある「正義」の理念には従わなければならない。そうした「法」の根本原理である「正義」の理念を、尾高は「ノモス」とよぶ。

そして尾高自身は、こうした「ノモス主権」の立場をとる。立憲主義の国家では、議会の多数意見が国家の政治意志となるが、それだけでは議会の多数党の横暴による権力濫用の危険を取り除くことはできない。いかなる多数意見も「ノモス」に従わなければならないと尾高はいう。このように、尾高が特に多数決の弊害を説いたことは、今日からみても大きな意義があると思われる。

ただし、「ノモス」は天与のものではない。それは、固定した法規範を意味するものではなく、時代によって形を変えながら、しかもあらゆる時代の変革を通じて確認できる人間共同生活の根本的な正しさであるという。

言い換えると、「ノモス主権」とは「法」を決定する「力」をもった人々の心構えの問題であるともいえる。いかに権力を有するものといえども、「ノモス」の根本理念に従って不断に正しい「法」を作るための努力をしなければならないのである。

民主主義は「国民の総意」を常に正しいものとし、それを「ノモス」とする立場である。では、なぜ「国民の総意」は正しいのか。個々の国民の「特殊意志」は特殊の利益を追求するが、「国民の総意」は常に「共同の福祉」をめざすからである。ただし、現実の立法意志は多数決によるしかない。しかし多数決が常に正しいわけではない。民主主義とは現実の立法意志と、「国民の総意」という「ノモス」との間のギャップを辛抱強く一歩一歩埋めていくことである。

尾高は、以上のような「ノモス主権」の考え方を説いた上で、それを天皇制と結びつけていく。

日本には国民主権という考え方の伝統はまったく存在しない。しかし、だからといって、政治の権力の中心がいつも天皇にあったわけではない。日本は建国以来天皇が統治してきたというが、それは「統治権」者として君臨してきたというのではない。また、天皇は時の政治的権力者に「統治権」の行使を「委任」してきたという考え方もあるが、「統治権」とか「委任」という考え方自体が近代的な法理の観念である。

むしろ天皇は、あらゆる意味で政治の実権の上に超越していたのである。その意味で天皇の統治は「常に正しい」という理念を表明したものである。それは「理念として尊ばれ、理念として護られ、理念として永遠につづくべきものと考えられて来た」のである。

尾高によれば、「国体」とは現実の政治の根本構造ではなく、理念としての政治のあり方を意味しているのである。それは「永遠に変るべからざる法の正しさへの志念」であり、「ノモス主権」ということの「民族的な把握の仕方」に外ならなかったのである。そう考えると、「天皇の統治を中心とする日本の国体を、国民主権とは氷炭相容れ得ない対蹠の原理と見るのは、むしろ皮相の見解である」と尾高はいう。

こうして尾高は、「ノモス主権」という高所からみれば、明治憲法と新憲法との間に「国体」の変更はないとするのである。

こうした尾高の考え方は、天皇を政治的実権の上に置くという点で、和辻の考え方に似ている。しかし、和辻が天皇を「国民の生ける全体性」の「象徴」と考えたのに対して、尾高は超越的な「永遠に変るべからざる法の正しさ」の「象徴」と考えたのである（実は和辻の天皇論にもそうした超越的な契機が存在するが、それは後で述べる）。

以上、新憲法をめぐるいくつかの議論を紹介した。そこでは「国体」が変更されたか否かという、今日からみれば一見時代錯誤とも思えるようなことが論点の中心をなしていた。しかし、その内容をみれば、ＧＨＱから与えられた「象徴天皇制」というものを、どのように自分たちの伝統と結びつけるかという課題に必死で立ち向かっていたことが理解できるのではなかろうか。

第五章　合議

前章でみたように、新憲法をめぐる論争のなかで、「国体」は変更しなかったとする和辻や尾高の考え方を支えるものは、天皇は伝統的に基本的には政治的権力をもっていなかったとする見方である。こうした天皇「不親政」論は、その後歴史家などからも盛んに論じられるようになっていく。

天皇「不親政」という主張は、天皇制が合議制というものを基盤としたものであるという主張と結びついており、天皇制と民主主義との共存ということを考えた場合、重要な前提となる考え方である。

一　石井良助の天皇「不親政」論

天皇「不親政」論を代表するものが、石井《いしい》良助《りょうすけ》の『天皇――天皇統治の史的解明』[39]（一九五〇年）とその改訂版の『天皇――天皇の生成および不親政の伝統』[40]（一九八二年）である。

これらの書において石井は、天皇の「親政」が行われたのは、奈良時代を中心とした古代と明治憲法下の近代だけであったとする。しかも、古代は中国、近代はプロシアという外国の影響による例外的な時代である。つまり、天皇の「親政」とは、天皇の「自然な姿」ではなく、「外国の一定の型にならって意識的につくられた」ものである。むしろ、天皇制の本質は「不親政」にあるとする。

先に触れたように、佐々木惣一は「国体」を天皇が「統治権の総攬者」であったことにあるとし（ただし、それを実際に「行使」しているか否かは別問題としているが）、それは明治憲法に限らず、日本の古来の歴史的伝統であるとしている。しかし、石井によれば、それはまったく歴史的根拠のないものだという。

「国体」を天皇が「統治権の総攬者」であったことにあると考えれば、新憲法は国民が「統治権の総攬者」になったのであるから、明らかに「国体」は変更したと考えざるをえない。しかし、天皇「不親政」こそが伝統であると考えるならば、新憲法の定める天皇制は決して「国体」の変革とよぶようなものではない。事実、「日本国憲法の定める天皇制は、江戸時代末期の天皇制の連続と称するのにふさわしい内容を有することは驚嘆に値する」としている。

黒板勝美《くろいたかつみ》などの歴史家は、天皇「不親政」の時代は「国体」の真の姿が蔽われた時代であり、天皇「親政」こそが「国体」の本来の姿であるとしている。しかし、石井によれば、これは中国から輸入した律令的な天皇「親政」形態を「国体」の真の姿とした誤った考え方に基づくものだという。

二　和辻哲郎の合議としての天皇制

こうした石井の考え方は、和辻と非常によく似ている。先に述べたように、和辻こそは天皇「不親政」の伝統をいち早く指摘したのである。

ただし、両者には大きな違いもみられる。石井によれば、律令制は外来のもので、「律令制度が輸入されて、わが国は一おう制度的には律令一色にぬりつぶされた形をとったが、しかし、それはいわば上置きとされたようなものであって、これがために固有なものが全然死滅したわけではなく、機会があれば、復活しようとしていた」という。

それに対して和辻は、律令制は制度としては外来のものであっても、内容的には律令制以前の伝統を受け継ぐものであるとする。すなわち律令の公地公民制にみられる「慈愛」や「正義」の精神は、すでに『古事記』のアマテラスの造形などにもみられるものだとするのである（もちろん、『古事記』も結局は律令体制下で書かれたものだと考えることもできるが）。

和辻は、律令制導入以前も以後も天皇制の本質は「不親政」にあると考える。事実、和辻によれば、日本の律令制は、もともと天皇の独裁を許すようなものではなかったという。

六四六（大化二）年三月二日に出された詔が、すでに君主独裁を排斥することを宣言するものであった。そこでは、「それ天地の間に君として、万の民を宰《おさ》むることは、独り制《さだ》むべからず、かならず臣の翼をまつ」とされている。ここにみられるのは、「私有地私有民の廃止による「私」の支配の排除が、直ちに君主独裁を不可能とする考えと結びついていること、新しく樹立された「公」の支配は多数の臣たちの共治として把捉されていること」であるという。

たとえば、養老律令をみると、天皇はまず太政大臣に相談しなければならないことになっている。さらに太政大臣の下に太政官が組織されて左右の大臣がおり、さらにその下には四人の大納言がいて彼らの討議を経なくては、大臣たちも事を決することができないことになっている。

こうした律令の規定を根拠に、和辻は律令制においても天皇制は合議制に基づいていたのだと主張した。そして、そうした考え方は、律令制導入以前の日本の伝統に基づいたものであるとしている。

というのも、和辻は記紀神話にみられる合議制というものに注目しているからである。たとえば、「天孫降臨」の物語においては、アマテラスは常にタカミムスビとともに活動するばかりでなく、個々の行動の決定に際しては「天の安の河原」に八百万神を集めて、思索の働きを現わす「思金神」を議長として議論させる。アマテラスはこの会議の結果に従って事を決するのである。和辻によれば、そこには初期の天皇制のあり方が反映しているという。

三　丸山眞男の天皇制と民主主義

和辻が記紀神話にみた合議制が、西洋近代の民主制とまったく同じものであるということはもちろんない。その点に関して丸山眞男は次のように述べている。

記紀神話にみられる「合議」と「共治」の観念を、近代立憲制やデモクラシーはもちろんのこと、ギリシアのポリス的民主政とも同一視してはならない。記紀神話にみられる合議制は、権力の正統性の根拠ではなくて、統治の方式にすぎない。その上、そこに参与するのは天皇に直属する豪族に限られている。そこでは、君主の側からの諮問にたいする応答と翼賛が求められているのであり、君主の権力に対するチェックやコントロールの権利が問題なのではない。合議は満場一致が前提とされ、意見の多数・少数関係を手続き化するといったことは問題にされていない。そこでの「話し合い」による決定は、他者との討議を通じての一致ではなく、家族の話し合いのようなものである。

したがって、丸山によれば、そこからは病理も生まれたという。それは、リーダーシップが不在のため、官僚制的組織化が試みられても徹底せず、むしろ「伝統」の名による少数の豪族の恣意的決定に途を開きやすかったという点である。

以上、天皇の「不親政」の伝統を説く立場をみてきた。それは、天皇制と民主主義との関係を考える上で重要なものである。ただし、もちろん丸山のような批判は当然考えられる。しかし、古代の天皇制が近代のデモクラシーと異なるのは当然であって、問題は、それが適合的であるかどうかということであろう。

そうした点からいえば丸山も、このような統治方式としての合議制が決定過程の多元化を生みだし、それによって、君主への権力集中が牽制されるようなパターンが作り出されたことは否定できないとしている。

第六章　責任

天皇「不親政」論というものを認めた場合、しかし問題が残る。それは、天皇が一切の政治的責任をもたないことになるのかという点である。

先に触れたように、美濃部は明治憲法の「天皇ハ神聖ニシテ侵スヘカラス」という規定を、天皇の政治的無答責を規定したものだと解釈した。しかし、天皇「不親政」論を認めたにしても、国として何らかの失政があった場合、天皇は何らの責任も負わなくてよいのであろうか。

それは昭和天皇の戦争責任という生々しい問題とも直結し、さまざまな議論を生んだ。

一　丸山眞男の「無責任の体系」論

天皇制の本質を「無責任の体系」としたのは丸山眞男であった。

戦後丸山の名を一躍有名にさせた論文「超国家主義の論理と心理」[41]（一九四六年）において、丸山は近代の天皇制を「独裁観念」と対比させている。「独裁観念」が「自由なる主体意識」を前提としているのに対して、天皇制においては、「そうした無規定的な個人というものは上から下まで存在しえない」という。そこでは、人間の価値は「天皇からの距離」に比例する。天皇から離れるに応じて人間の価値は「漸次的希薄化」に向かう。

そして、こうした価値体系の中心にある天皇自身も、決して「主体的自由の所有者」などではなく、「無限の古にさかのぼる伝統の権威」を背負った存在に過ぎない。したがって天皇は、「万世一系の皇統を承け、皇祖皇宗の遺訓によって統治する」だけなのである。

天皇制社会を、天皇を中心とした「同心円」としてイメージするならば、その中心は点ではなく、「垂直に貫く一つの縦軸」にほかならない。つまり「中心からの価値の無限の流出は、縦軸の無限性（天壌無窮の皇運）によって担保されている」というのだ（実は、こうした天皇制の分析自体は、意外にも和辻の影響によるものと思われる）。

こうした考え方をもとに、戦後の丸山は天皇制そのものを明確に否定するようになる。随筆「昭和天皇をめぐるきれぎれの回想」[42]（一九八九年）によれば、戦前の丸山は立憲君主制としての近代天皇制にはシンパシーをもっていたという。しかし、「敗戦後、半年も思い悩んだ揚句」に、「天皇制が日本人の自由な人格形成——自らの良心に従って判断し行動し、その結果にたいして自ら責任を負う人間、つまり「甘え」に依存するのと反対の行動様式をもった人間類型の形成——にとっての致命的な障害をなしている、という帰結」に達したというのである。終生、日本人における「主体性」の形成をめざした丸山にとって、天皇制はそれを根本的に阻害するものと思われたのである。丸山は「主体性」こそが民主主義を成り立たせているものであり、結局それは、天皇制によって形成される「人間類型」とは相容れないものだというのである。

そうした観点から丸山がこだわったのは、「ポツダム宣言」受諾という「聖断」である。天皇「不親政」の伝統のなかで、この「聖断」はきわめて例外的である。丸山は「ポツダム宣言」受諾の際に天皇制の本質をめぐる議論が沸き起こるチャンスがあったとしている。「国体」護持を保証しない「ポツダム宣言」を受諾するという「聖断」を疑った将校のクーデター騒ぎがあったのも無理からぬことだと丸山はいう。しかし、「ポツダム宣言」受諾は「君側の姦」によるものだという彼らの名分は、善悪の規準を下から押しつけ、君意を恣にする危険性をもっていた。

一方、「国体」護持を保証しない「ポツダム宣言」を受諾するという「聖断」を受け容れた者たちの真意も計りがたい。「万世一系」の天皇が「統治権の総攬者」であるという「神勅」の変革を承認したということなのか。それとも内容の如何にかかわらず、「聖断」であるがゆえに絶対視したのか。

「敗戦の破局から新憲法制定にいたる疾風怒濤の短い期間にわずかに波頭に浮び上ったこの問いは、政治の「常態」化と経済の「成長」とともに、ふたたびその姿を没したかに見える」と丸山は述べている。

ここで、丸山は天皇がみずからの主体的決断によって天皇制を廃絶するという逆説的な事態がありえたのではないかと想像しているのかもしれない。

しかし、こうした丸山の議論は、人間の「主体性」というものを理想化しすぎてはいないであろうか。丸山は論文「超国家主義の論理と心理」では、ニュルンベルク裁判において戦争を自己責任で行ったということを認めた点では、ナチスの指導者たちを日本の指導者よりも評価しているが、それも丸山が「主体性」というものを自己目的化してしまったことによる異様な見解ではなかろうか。

ただし、ここではその詳細に触れる余裕はないが、そうした丸山も戦後の思想的営みのなかで、「主体性」という概念の内容に膨らみをもたらせるようになり、晩年には人間を対話的な存在として捉えるようになっていく。[43]

いずれにせよ、丸山は天皇制というものを、どこにも責任の主体がない「無責任の体系」[44]と考えたのである。

しかし、昭和天皇の戦争責任ということでいうならば、天皇制を擁護する立場の人たちからも責任論は多く出されている。次にそれらをみていきたい。

二　田辺元の「無所有」としての天皇論

田辺元《たなべはじめ》は、敗色濃い一九四五（昭和二十）年五月、西田幾多郎に宛てて一通の書簡を出している。実は一九三七（昭和十二）年に田辺が強烈な西田哲学批判を展開して以来、二人の関係は疎遠になっていたので、久しぶりのことであった。その書簡で、西田の教え子ともいえる近衛文麿《このえふみまろ》に、さらに近衛から高松宮を通して昭和天皇に上奏してほしいことがあるとしている。内容は、戦局打開のために天皇が率先して範を示すために、進んで皇室財産のすべてを戦争のために国家へ譲渡して「上よりの御一新」を実現すべきこと、そうしないと敗戦の暁には皇室の安泰が保証できないこと、また米英との戦争を打開するためにソ連との外交交渉を進めるべきことであった。それに対して西田は、「私共も今日いろ〳〵の意味に於て、皇室がお出ましになる外ないかと存じ居ります」としながらも、「老耄何の役にも立ちませぬ」と返信している。(45)

田辺元は敗戦後、新憲法が発布される前の一九四六（昭和二十一）年一月に『政治哲学の急務』[46]という本を出し、そのなかで昭和天皇の戦争責任を論じている。田辺は、西田と同様に、天皇は「絶対無」の「象徴」であるとし、その絶対不可侵性は、「絶対無」の超越性に由来するとしている。ただし、「絶対無」は「相対的有」を媒介として実現されるものであるから、実際の政治は天皇親政ではなく、国家機関に任せてきたとする。そうした意味で、田辺は明治憲法下における天皇も「象徴」と捉えているのである。

しかし、田辺によれば、それは天皇の戦争に対する免罪をもたらすものではないという。田辺はまず、「いわゆる戦争犯罪者として告発せられて居る要人のみが、戦争惹起の責任を負うべきものではな」く、「国民の全体がその程度の軽重に於てこそ大差あれ、一様に連帯責任を負うべき」であるとする。その上で田辺は、「然らば国家を代表して国民を統べらるる天皇が、外国に対し戦争の責任を負われることは少くとも当然のことである」とする。しかも、外国に対してだけでなく、国民に対しても責任感を表すために、皇室財産をすべて国家に下付し、「絶対無」の「象徴」として、

「無所有無一物の立場」に立つべきだとしている。

三　南原繁の天皇「退位」論

南原繁は、昭和天皇には政治的責任はないとしながらも、だからといって一切の責任がないということではなく、ある意味での責任を取って退位すべきだと主張した。南原は新皇室典範案に関して、一九四六（昭和二十一）年十二月に帝国議会で質問演説をしているが、そのなかで昭和天皇の戦争責任に触れている。(47)

南原が吉田茂《よしだしげる》首相にまず質問したのは、新皇室典範案に天皇の「退位」の規定がないことであり、それは新憲法における天皇の新たな性格と矛盾するのではないかということである。南原によれば、憲法改正の核心は天皇の性質または性格の変更にあったという。それは、従来の「神秘的非現実的なる天皇」から「自然的人間的なる天皇」への変化であるという。天皇の「人間宣言」（一九四六年元日）は、「天皇の自然性の回復及び人間性の回復と独立の宣言」であるとする。

ところが、新皇室典範案に天皇の「退位」の規定がないのは「あまりに反自然的・反人間的な考え方」であるという。そのことを南原は三点に分けて質問している。

第一は、天皇の精神または身体に「不治の重患」が生じた場合どうするのかということである。「日本国の象徴」「日本国民統合の象徴」であるためには「何よりも一個の人間として精神並びに身体の健全性、少くとも正常性」が必要である。

第二は、生理的な理由ではなく、天皇自身が「一個の自由の人間として、已みがたい要求」から天皇の義務と責任に堪えられないと考えた場合、それができないのは「基本的人権の尊重」に欠けるのではないかというのである。

天皇の自由な「退位」を認めることは、政争の原因になるという意見もあるが、皇位の継承順位が決められている以上、そうした心配はない。

この第一、第二の理由による「退位」の問題は、その後七十年もたった二〇一六(平成二十八)年八月八日の天皇のいわゆる「おことば」によって、今度は天皇自身によって再び問題化されることになる。

さて、「退位」の規定が必要な第三の理由は、「天皇のほかならぬ道徳的自由意志」

によって「退位」を希望した場合に対応するためである。第二と第三は同じように受け取られるかもしれないが、第三は特に天皇の道徳的責任を問題にしているのである。こうした理由に基づく「退位」が認められないと、「法律制度をもって象徴としての天皇の徳を覆」うことになると南原はいう。

南原は、明治憲法の「天皇ハ神聖ニシテ侵スヘカラス」という規定を、美濃部と同様に、天皇は一切の政治上・法律上の責任をもたない無答責の規定であると解釈する。そして、それは新憲法においては政治上の責任は内閣が負うという形で一層明確化されたとする。

しかし、無答責ということは、「政治法律上以外に、天皇の道徳上の義務や責任をも除外するという意味ではない」とする。そうした考え方は天皇制の伝統のなかにもあり、国家に大なる変乱や天災があった場合は「「朕が不徳」として、その責を御一身に帰せられた」という。明治天皇の宣命にも「天下億兆一人モ其所ヲ得サル時ハ皆朕カ罪ナレハ」とある。したがって、「天皇が政治上法律上のみならず、道義的責任の外に立つという考えは、わが国の歴史におけるかような皇室の美徳を無視するものであると同時に、天皇をもって超道徳的な神的絶対者と思惟するもの」であるという。新憲法においても、政治上の大権がなくなっただけ、かえって「天皇の精神的・道徳的位置と意義は、従前以上に重きを増し加えた」と考えなければならないとする。

そして南原は、このことを昭和天皇の戦争責任と結びつける。南原は、今次の大戦に関して昭和天皇の政治的・法律的責任のないことは明らかであるとした上で、「その御代において、わが国有史以来の大事が引き起されたことについて、上御宗祖に対し、また下国民に対して、最も強く精神的=道徳的責任を感じさせられるのは、陛下であろうと拝察する」としている。

そして終戦直前に昭和天皇が述べたという「たとい朕の一身はいかにあろうとも……」という言葉は、退位はもとより、一身を犠牲にしようとする決意を表したものではないかとする。天皇の退位によってこそ、「わが国民道義の断ち切れた結合を初めて繫ぎとめ、かつて光栄ありし歴史の破れた空白を充し得て、後生わが国史の上に昭和天皇の御決断を伝え得ると同時に、外世界に対し日本天皇の大義を証示し得る所以となるであろう」としている。(48)

四　和辻哲郎の象徴天皇の責任論

和辻は昭和天皇の戦争責任についてどう考えていたのであろうか。和辻に「天皇の責任について」[49]というメモが残っている。恐らく戦争直後に書かれたものであろう。そこで和辻は、「責任を負ふのは、個人としてか、天皇としてか」という問いを立て、「開戦にも、度々の詔勅にも、個人格としての責任はない」とし、「天皇としてならば、退位せずに、その地位において、なすべきことをなす、果たすべきことを果たすのが責任を負う所以」であるとし、天皇としての責任は認めながらも、「退位」論を否定している。

そして、「責任を負う主体は、そういう決定をした政府・軍部の当局者、引いてはそういう政府・軍部を成り立たしめた国民全体」であると主張している。しかし、同時に和辻は、「その当局者や国民全体が実質上負うている責任を、象徴的に負うこと、即ち責任の負担を象徴的に表現すること、それが天皇の役目である」とも述べている。

では、「責任の負担を象徴的に表現する」とは具体的にはどういうことを意味しているのであろうか。短いメモからは判然としない。

そのことを考える一つのヒントとなるべきものが、『日本倫理思想史[50]』における聖武天皇に関する記述においてみられる。

奈良時代、天災によって民衆が疲弊したとき、聖武天皇は、「責一人ニアリ、兆庶ニ関スルニアラズ」という詔を発する。もちろん、古代の天皇の例を近代の天皇と比較することはできないが、しかし和辻によれば、天皇の本質は歴史を一貫して「象徴」ということにあるのであるから、その意味では古代の天皇の事例も象徴天皇に当てはまらないということはない。

事実、和辻はこの詔について、「このような「責め一人にあり」という考えは、天皇が国民全体の責めを背負うのであるから、明らかに天皇を国民の全体性の表現者と認めたものにほかならない」とコメントしている。もちろん聖武天皇はこれによって退位したわけではない。しかし、「責一人ニアリ」ということは公的に表現しているのである。

以上のように、田辺、南原、佐々木、和辻らは、昭和天皇に何らかの意味で戦争責任があるとしている。しかも、南原は昭和天皇の「退位」を主張している。

今日、天皇制に対して批判的な意見をもつ人々のなかで、少なからぬ者が、その原因として戦争責任の問題を考えているのではなかろうか。その際、本章で取り上げた思想家たちが、みな天皇制を積極的に容認している人たちの責任論であることは注意すべきである。そのことは、伝統的な天皇制からみても、天皇の戦争責任を問うことは充分可能であることを意味している。

実は、昭和天皇の「退位」論は、高松宮、三笠宮、近衛文麿、東久邇宮稔彦《ひがしくにのみやなるひこ》ら皇室周辺からも出ていた。(51) しかし、東京裁判の開始を視野に入れたとき、天皇が戦争責任を認めることは、戦争犯罪人として裁かれ、ひいては天皇制の廃止などに直結しかねない状況にあったことが、問題を困難にしたといえよう。

なお、ここでは議論する余裕はないが、さらにいえば、この問題は、単なる思想史的な観点を超えて、人間にとって「責任」とは何か、さらには集団が過失を犯した場合、その「責任」は誰が取るべきなのかという倫理学の重要な議論へと展開していかざるをえないであろう。

第七章　聖徳

天皇の「責任」を問うということは、天皇を単なる傀儡とはみなさないということである。言い換えると、それは天皇個人に「徳」を求めるということでもある。天皇は「不親政」だとしても、あるいは「不親政」だからこそ、道徳的倫理的面で「責任」を担うべきだという議論である。

こうした「聖徳」は、近代以前の天皇制においても絶えず求められてきた。ただし、そこには問題があった。というのも、天皇の資格としてまず求められるものは、あくまでも「血統」であり、中国の皇帝の場合のように、「聖徳」が第一義的に問われることはないからである。そこで、「血統」という大原則のもとに、どのようにして、どこまで「聖徳」の契機を入れていくかということが、古来天皇論の大きな問題とされてきた。

一　ヘーゲルの「血統」論

天皇制の場合、そもそもなぜ「血統」なのであろうか。

たとえば、ヘーゲルは『法の哲学』において、国家にとって「世襲」による君主の存在が不可欠であることを説いている[52]。ヘーゲルによれば、国家は有機的な統一体、「単一な自己」である。そのことが、国家の内部に領邦や教会領のような国家を超越した権力を含んだ中世国家とは異なる、近代国家の特徴である。そうした「単一な自己」という性格が、実際に一個の人格を、「君主」として頂点にすえることを求めるのだという。そうした「君主」の存在によって国家の有機的統一性が保持され、国民の自由も保障される。

そうした「君主」は実際に権力をふるう存在ではなく、議会等で決められたことを署名によって承認するだけであるという。まさに「君主」とは「象徴」的機能を果たすだけなのである。

そうした「象徴」としての役割を果たすべき「君主」は、「選挙」によって選ばれるよりも「世襲」によるべきだとする。なぜならば、「世襲」ということによって、「君主」の位置が市民社会の直接的な利害対立に巻き込まれないで済むからだという。

こうしたヘーゲルの「君主」観について、ヘーゲル研究者の佐藤康邦《さとうやすくに》は次のように述べている。

「実際の権力を持たぬものとしてであっても、あえて組織の頂点に据えることによって、それが抑圧的に機能することを妨げるという一見逆説的な考え方——しかし象徴天皇制として私たちに御馴染みのもの——を示したことで、ヘーゲル君主像は深い内容を持つものとなっていると言えよう。(53)」

ヘーゲルによれば、「君主」は「血統」であることによって時々の権力のあり方から距離をおくことができるというのである。

実は、こうした考え方は日本においても天皇制擁護者によって主張されてきた。中国では、有徳者が皇帝になるという麗しいスローガンのもとで、結局は皇帝の座をめざして激しい権力争いが絶えなかった。それに対して日本では皇統に属さないものが皇位をめざすことはないため、「泰平」が続いたのだという主張である。

そうした主張は、すでに『神皇正統記』にみえるが、近世に入ると多くの儒学者や国学者によって説かれた。そうしたなかで、山崎闇斎《やまざきあんさい》門下の佐藤直方《さとうなおかた》は、「神武天皇以来姓は変わらねども、弑逆簒奪挙て数ふべからず」として、皇統内での皇位をめぐっての権力闘争が絶えなかったことを指摘しているが、そうした主張はむしろ例外的であった。

二 「血」か「徳」かのジレンマ

以上のように、天皇の本質は「血統」にあると考えられてきた。しかし同時に、古代以来天皇に「聖徳」が求められてきたこともまた事実である。

　こうした点に特に注目したのが丸山眞男である。まず丸山は、「古代国家において、儒教的諸観念が統治の倫理として、いかに原型的思考のなかに浸透してきたかを探ってみよう」として、『日本書紀』にみられる天皇観を分析している[54]。たとえば、崇神天皇紀には、「民を導く本は教化に在り」という言葉がみえ、統治の本質は人民の倫理的教育にあるという儒教的な観念が語られている。儒教においては、統治者自身が「徳」の完全円満な体現者（＝「君子」）でなければならないという「有徳者君主思想」が説かれ、だからこそ人民の倫理的教育も可能だと考えられているのである。

　こうした儒教の思想を最も直訳的に表現したのが、仁徳天皇の事蹟の叙述である。丸山は『日本書記』の仁徳天皇四年にみられる有名なエピソードを紹介する。仁徳天皇は、三年間民衆の租税を免じたところ、民家から久しぶりに煙の上がるのを見て、百姓富めりといったという。その言葉を聞いて、皇后がこんなに宮殿が荒れはてているのにどうして富めりというのかと尋ねたのに対し、天皇は「其れ天の君を立つることは、是れ百姓の為なり。然らば君は百姓を以て本と為す」と答えたという。丸山はここに、中国から影響を受けた「民本的徳治主義」ともいえる考え方があるとしている。天皇制はその成立の当初から、こうした民本主義を理想として掲げていたのである。

しかし、「聖徳」を強調しすぎると、「血統」の原則が揺らいでしまうというジレンマがある。

儒教においては、君主が道徳的に優れているからこそ、「天」によって君主たることを命じられているという「天命」的正統性の観念がある。そこでは、皇帝に対して超越的権威をもった「天」・「天道」が、直接的には人民の向背を通じて、皇帝の統治に対する審判を下すと考えられている。そこから、君主が道徳的に不適格の場合には、武力による王朝交替を是認する放伐思想・革命思想が生まれた。しかし、天皇の「万世一系」を前提とする日本では、放伐を肯定する思想を認めるわけにはいかなかった。

そこで、そうした限界をもちながらも、君主として道徳的に不適格の場合には、軽皇子のように皇太子でありながらも皇位継承権が失われたり、武烈天皇のように直接の血統が断絶したりすることがありうることを『日本書紀』は述べている。

しかし、背徳の君主の血統が断絶するのは当然だとみなして、これを原則化すれば、天皇制の根幹をなす「血統」の連続性という原則に抵触してしまう。その場合、両者の思想的橋渡しをしているのは、武烈天皇に子供がなかったため、応神天皇にまで遡ってその五代末の継体天皇が皇位を継いだ際にみられる、群臣合議による満場一致の推挙という原始共同体における首長の決定方式なのだと丸山はいう。

丸山によれば、こうした「血統」と「聖徳」との矛盾を極限まで問い詰めたのが、北畠親房《きたばたけちかふさ》の『神皇正統記』だという。(55)

親房は三種の神器である「鏡」・「玉」・「剣」が、天皇統治の原理である「正直」・「慈悲」・「智恵」の三徳をそれぞれシンボライズしたものであると考えた。「鏡」が表す「正直」は、伊勢神道が古代の清明心の伝統を復活させようとするなかで強調したものである。「玉」が表す「慈悲」は仏教に由来している。「剣」が表す「智恵」は、狭義には儒教に由来するが、そこにさらに武士の決断力といったものが結びついたものと考えられる。つまり親房は、神道、仏教、儒教、武士のエートスといった、それぞれの道の倫理的規範を、三種の神器が象徴していると考えたのである。いうまでもなく、三種の神器は、何よりも皇位継承の「血統」的な正統性を意味するものである。しかし、親房は三種の神器を三徳として解釈し、その三徳を天皇統治において実現することがアマテラスの命令なのだとして、「血統」と「聖徳」との不可分な結びつきを説いたのである。

また親房は、先に触れた武烈天皇の後を継体天皇が継いだ例などをあげながら、天皇が「聖徳」をもっていなかった場合、その直系ではなく、傍系に皇位が移るとしている。これを「皇統内革命」とよぶ研究者もいる。[56] それも、「血統」と「聖徳」とを何とか両立させようとする意図から生まれた考え方であろう。

また江戸時代に、天皇は「血」か「徳」かという問題をめぐって激しい論争を交わしたのが山崎闇斎学派である。これに関して丸山は、論文「闇斎学と闇斎学派」[57]（一九八〇年）で詳しく論じている。

丸山によれば、江戸儒学においてこうした問題について、「具体的に議論を交したのは闇斎門が最初であり、また同じ学派の内部に、これほどはりつめた対蹠的立場をかかえこんだ点では唯一であった」という。

朱子の書いた『大学章句』や『中庸章句』の序に、「継天立極」という言葉がある。これは「天」の意志を継承して「道」の規準を立てたという意味であるが、闇斎学派の一部の人たちは、この「継天」をアマテラスの血筋を受け継ぐという意味で解釈し、天皇制の「血統」的連続の正統性を意味するものと主張した。

さらに、闇斎門下の浅見絅斎《あさみけいさい》や若林強斎《わかばやしきょうさい》らは、放伐・革命を安易に認めることが、「乱臣賊子」による権力奪取の口実になるとも主張した。

ただし、彼らも「徳治と安民の儒教的規範主義をもはや拭いがたく己の精神に刻みつけている」儒学者である。したがって、「「乱臣賊子」に恰好の口実を与えるような不徳もしくは不賢の天子の出現の可能性が、血統的正統性を前提とするかぎり避けられない」という危機感をもっていた。そのため、「万世一系」を保持するためには、「ほとんど憑かれたように警鐘を鳴らしつづけるほかな」いとした。この考え方は、「近代日本のラヂカルな国粋派を特徴づける一種の「国体永久危機説」の原型」とみることもできると丸山はいう。

それに対して、同じく闇斎の弟子である佐藤直方は、儒教の説く天命に基づく正統性に、唯一の普遍的原理を認めた。彼は、『日本書紀』にある、アマテラスが皇孫に無窮の繁栄を保証した神勅を下したという記事を取り上げ、アマテラスの神勅は、不正な政治を行えば革命を起こすぞという内容のものであるべきだったとしている。

このように、闇斎学派の人々はそれぞれ異なった立場から激しい論争を繰り返した。それは明治以降には不可能となってしまった天皇制そのものに対する根本的な論争であったといえよう。

三　和辻哲郎の普遍的「聖徳」論

戦前戦後一貫して「象徴天皇制」を支持していた和辻においても、天皇の「聖徳」論は重要な位置を占めていた。

和辻にとって天皇制の本質は、天皇が「国民の全体性の表現者」となっているかどうかにあるのであり、「万世一系」ということはほとんど問題にされていない。その意味で、和辻においては「血統」と「聖徳」とのジレンマは論じられていない。むしろ和辻が問題にしたのは、天皇が身に付けるべき「聖徳」というものが、単に日本文化固有のものではなく、人類に普遍的なものであるということである。

和辻は日本人の倫理思想の歴史を貫く三つの柱として、「清さの価値の尊重」、「人間の慈愛の尊重」、「社会的正義の尊重」をあげているが、その源流は、記紀神話のアマテラスにすでにみられるとしている。

アマテラスが「通路」の神として、全体性の神聖な権威に帰依しているということは「清さの価値の尊重」であるし、スサノオの乱行に対して寛容であったことは「慈愛の尊重」であるし、それでも従わないスサノオに対して公的な会議を経て罰しようとしたことは「社会的正義の尊重」であるという。そして、これらの倫理は、儒教などの外来思想の影響を受ける以前から、日本の神話のなかに、すでに存在していたものであるとする。また、こうした倫理は代々の天皇が受け継ぐべき、まさに「聖徳」でもあるという。

そして、ここで注意しなければならないのは、こうした日本人の倫理思想を貫く徳目は、決して日本人固有のものではなく、人類共通の「倫理」に基づくものとされている点である。それは、天皇が「絶対的全体性」に通じているという、先に紹介した議論にも対応している。

和辻によれば、普遍的な「倫理」が具体的に実現するためには、歴史的・風土的な制約を受け、常に「一定の様式」をとるという。そうしたものを和辻は「倫理思想」とよぶ。つまり「倫理思想」とは、「普遍的な倫理が特殊の道を通じて実現せられる」ものであり、「時と処によって異なった形態をもつ」ものなのである。

和辻の説く「日本倫理思想史」とは、こうした意味での「倫理思想」の日本における歴史的展開というものをさしている。つまりそれは、「人類全体に通用し得る普遍的な倫理が、特に日本において歴史的にいかに特殊な形態をもって自覚されたか」を考える研究のことであるというのだ。

したがって、和辻の場合、「日本倫理思想史」を貫く「清さの価値」「人間の慈愛」「社会的正義」といったものは、決して日本特有のものではなく、人類に普遍的な価値に通じるものなのである。つまり、アマテラスが備えている「徳」とは、人類に普遍的なものであるというのである。そして、天皇も当然そうした普遍的な「徳」の体現者でなければならなかった。

そして、天皇を中心とした律令体制にみられる公地公民制や独裁の排除や合議制、さらに奈良時代の天皇の宣命にみられる仁政の理想なども、そうした普遍的な「慈愛」や「正義」の実現として和辻は高く評価する。

このように、和辻においては、天皇制そのものの本質のなかに、すでに徳治主義が含まれているとされているのである。ただし、和辻の場合には、逆に「血統」の意味が薄れてしまっている。

以上、天皇の「聖徳」をめぐる議論をいくつかみてきた。「血統」を第一義とする天皇制のなかに、いかに「聖徳」の契機を入れ込むかをめぐって、古代からさまざまな苦心がなされてきたことが理解できるのではなかろうか。

第八章　変革

すでに触れたように、福沢は天皇制を民主主義の「緩和力」として使おうと考えた。しかし、天皇制はときに大きな変革の力を生みだす場合もある。歴史を振り返れば、律令国家の形成にしろ明治国家の形成にしろ、対外的な緊張のなかで国家の根本的な変革が必要とされた場合、つねに天皇制というものが大きな働きをしてきた。そこから、逆に天皇の名の下に積極的に変革を果たそうとする者も現れるようになる。

もちろん、そこには賛否両論があるであろうが、天皇制というものが現実には大きな変革の力をもってきたことは事実である。では、そうしたエネルギーは、天皇制の一体どのような所から現れるのであろうか。

一　丸山眞男の「古層」論

丸山は、日本人の基底部分にある持続的な思考様式を「原型」や「古層」とよんでいる。それは「集団的功利主義」、「心情の純粋性」、「活動・作用の神化」の三つからなるとされ、いずれも天皇制を根底から支えている日本人の根本的な発想方法とされている（周知のように、こうした「古層」論は、決定論として、多くの批判を受けることになるが）。

これらは、和辻が「日本倫理思想史」を貫くものと考えた「清さの価値」「人間の慈愛」「社会的正義」と共通点が多く、和辻からの影響が大きいと思われる。しかし、和辻はこれらを人類に普遍的な徳目と考えたのに対して、丸山にとって「原型」「古層」は、日本人特有のものであり、克服すべき対象であった。

ただし、丸山のいう、三つ目の「活動・作用の神化」は、和辻がまったく触れていないものである。これは、いわゆる「おのずから」としての「自然」の尊重ということを意味している。たとえば、丸山はアマテラスを「生成と生殖のエネルギーの神格化」と捉えるが、それは「活動・作用の神化」の現れなのである。

この「活動・作用の神化」を日本人の歴史意識に沿って詳細に論じたものが、有名な論文「歴史意識の「古層」」[58]（一九七二年）である。丸山はそこで、日本人の歴史意識の「古層」を、「つぎつぎに・なりゆく・いきほひ」として分析している。その内容を簡単に紹介しておこう。

まず「なりゆく」とは、宇宙全体について、それが、「永遠不変なるものが「在」る世界でもなければ、「無」へと運命づけられた世界でもなく、まさに不断に「成り成」る世界」であるということを意味している。それは、「有機物のおのずからなる発芽・生長・増殖のイメージ」で捉えられている。「生成と生殖のエネルギーの神格化」としてのアマテラスとは、まさにこうした世界観の表現なのである。

こうした「なる」論理には、「つくる」論理にみられるような「主体への問いと目的意識性」が欠けているともいえる。しかし、「なる」論理にも、「内にあるエネルギーを外に発露する」という意味での主体性が存在し、それが「外の世界を「変革」

する可能性」があると丸山は指摘している。

また「つぎつぎに」とは、「世界を、時間を追っての連続的展開というタームで語る発想」に基づくものである。「宗教的超越者にも自然法的普遍者にもなじみにくい日本のカルチュアにおいて、「つぎつぎ」の無窮の連続性」は、「「永遠者」の観念に代位する役割」を果したという（以下、傍点丸山）。このことを象徴的に表現するのが「血統の連続的な増殖過程」であり、特に「皇室の血統の継続性と時間的「無窮性」である。つまり天皇制においては、「万世一系」ということが永遠性という観念の代わりをなしているというのである。

最後に、「いきほひ」とは、「「初発」のエネルギーを推進力として「世界」がいくたびも噴射され、一方向的に無限進行してゆく姿」のことである。この「いきほひ」が歴史的時間の推移に内在すると考えられたとき、「時勢」「天下之体勢」という概念となる。こうした歴史意識は、超越的観点からの価値判断を排除する。

以上のように、「つぎつぎに・なりゆく・いきほひ」という歴史意識の「古層」は、「万世一系」の天皇の血縁主義と深く結びつくものである。戦後の丸山にとってそれは、克服すべき対象なのではあるが、しかし、他面において「内にあるエネルギーを外に発露する」という意味での「外の世界を「変革」する可能性」は認めている。

二 「国学」的ファナティズム

丸山が説く「つぎつぎに・なりゆく・いきほひ」としての「古層」は、「時勢」に順応する方向にも働くが、時に社会に反抗する激情となって噴出する場合もある。

丸山によれば、そうしたものが特に顕著になるのは、江戸時代である。幕藩体制の「閉じた社会」は、外界からの刺激が遮断されているため、心の奥底に沈澱していた、いわゆる「原型」的思考が発酵作用を起こし、やがて噴出してくるようになる。

幕藩体制は日本独自のものではあるが、「原型」と完全に照応しているわけではない。たしかに幕藩体制がもたらした「身分的・空間的閉鎖化」は、「原型」の「集団的功利主義」と共通した面をもっている。しかし「原型」のもつ「心情的ラヂカリズム」は、幕藩体制のもつ様式化・定型化の枠におさまらず、これを突破する傾向がある。近世社会の「型」は、「原型」のもつ「あらぶる神のエネルギー」によって突き崩される場合もあると丸山はいう。

その一つの現れが「国学」である。「国学」によれば、普遍的な原理や規範を説く仏教・儒教といった外来の抽象的教説・イデオロギーは、本来の生を束縛する空虚な「形式」であり、それらをつき崩さなければならないという。

丸山によれば、「国学」特に本居宣長のそれは、単に外来のイデオロギーに対して日本主義のイデオロギーを対置させようとしたのではない。[59] そうしたことを行ったのは、むしろ儒教によって理論的に武装した山崎闇斎学派や水戸学であった。むしろ、宣長は一定のドグマに基づく「教え」を否定しようとしたのである。

そうした「国学」の「審美的思考」が政治の世界に入ると、目標設定や、最も適合的な手段の選択、行動効果の考慮といった成熟した政治的思考は、「こざかしい「さかしら」の饒舌か、不潔な打算」とされるようになる。その結果は、一切の政治的現実の受容となってしまう場合も少なくないが、しかし、時として、天皇を美的象徴にまで高め、それと自己を神秘的に合一化して、「ひたぶるの願ひ」「わりなき願ひ」

「慟哭」「恋闕の情」といった激情的なファナティズムとなってラディカルな政治行動として爆発することもある。そうしたものが、明治維新を起こす原動力の一つとなったということは否定できないと丸山はいう。

三　三島由紀夫の「永久革命」としての天皇論

近代において、こうした「国学」の激情的なファナティズムを最も深く受け継いだのが三島由紀夫である。

三島は、先に触れた和辻と佐々木との「国体」論争に関心を示している。三島は、和辻が天皇を「国家」というものからさえも分離し、「文化共同体」としての国民の象徴としたことに注目している。和辻が指摘した「国家が分裂しても国民の統一は失われなかった」という事実に三島は共鳴する。

それは、三島もまた天皇を「文化概念」として捉えていたからである。三島によれば、明治憲法下の天皇制は、西欧的な立憲君主制に押し込められ、政治的機構が醇化されるに応じて、その文化的機能を失っていったという。

では、「文化概念」としての天皇とは何か。『文化防衛論』[60]（一九六九年）において、三島は日本文化の特色として三つあげている。

第一は「一つの形（フォルム）」を形成することである。それは芸術作品だけでなく、「行動様式」も含んだものであり。後述の「自由な創造主体」を刺戟する「フォルム」ともなりうるという。

第二はオリジナルとコピーとを区別しないことである。その端的な例が伊勢神宮の式年遷宮であり、和歌における「本歌取り」である。アマテラスと天皇との関係も同じものだとする。

第三は、「自由な創造的主体」である。第一の「型の伝承自体、この源泉的な創造的主体の活動を振起するものである」という。その創造主体は、歴史的条件の制約のなかで「時に身をひそめ、時に激発して」、「国民精神の一貫した統一的な文化史を形成」しているとする。

ここで注目すべきなのは、第三の「自由な創造的主体」というものである。三島によれば、「文化概念」としての天皇制は、こうした「自由な創造的主体」と結びつき、時に政治的無秩序をさえ容認する場合もあるという。「みやび」は、宮廷の文化的精華であるとともに、非常の時にはテロリズムの形態もとったというのである。

明治憲法の天皇制は祭政一致を標榜したが、政治的無秩序を将来する危険性のある、こうした側面には関わらなかった。「西欧的立憲君主政体に固執した昭和の天皇制は、二・二六事件の「みやび」を理解する力を喪っていた」という。その意味で「「菊」と「刀」の永遠の連環」が必要なのだとする。「菊と刀の栄誉が最終的に帰一する根源が天皇なのであるから、軍事上の栄誉も亦、文化概念としての天皇から与えられなければならない」という。

三島によれば、「オーソドックスの美的円満性と倫理的起源が、美的激発と倫理的激発をたえずインスパイヤするところに天皇の意義」があるという。論文「『道義的革命』の論理」[61]（一九六七年）では、「国体思想イコール変革の思想」であり、「天皇信仰自体が永遠の現実否定」であり、その意味で天皇制とは「永久革命」であるとしている。

四　「太古の祖型」と天皇

丸山にとって「原型」「古層」は基本的には克服すべき対象ではあるが、すでに述べたように、それが、社会に反抗する激情となって噴出する場合を全否定しているわけではない。

たとえば、丸山は北畠親房が『神皇正統記』で説いている、「天地の初は今日を初とするの理あり」という時間論に高い評価を与えている。(62)この時間論は丸山によれば、瞬間瞬間を享受しながら、時間の流れ（「なりゆき」「いきほひ」）に乗って動いていくという、「原型」のオポチュニスティックな時間観に根ざしているという。しかし、そうした「原型」の時間観を、「つねに今をすべての原初点とすることにより、恒久の過去は現在の瞬間に凝集され、それがすさまじいまでの明日に向かっての行動と実践のエネルギーとなる」という「創造の論理」へと高めているというのだ。それによって、「末法的ペシミズムは大きく転換される」ことになり、「彼の現実に対するはげしい主体的な働きかけを論理化」することができたのだとする。

そもそも丸山は、新たな「秩序」を形成するための「混沌」の力というものを重視していた。たとえば、『自己内対話』では次のように述べている。

「混沌への陶酔でもなく、秩序への安住でもなく、混沌からの秩序形成の思考を！

底辺の混沌からの不断の突き上げなしには秩序は停滞的となる。けれども秩序への形成力を欠いた混沌は社会の片隅に「異端好み」として凝集するだけで、実は停滞的秩序と平和共存する。[63]」（傍点、丸山）

ここで丸山は、常に古い「秩序」を壊し、新たな「秩序」を創り出すような活力を秘めた「混沌」というものを考えているが、ここでいう「混沌」というものを、彼の思想体系のなかに見出そうとするならば、やはり「古層」「原型」をおいてほかにはないのではなかろうか。

ただし、ここでいう「混沌」とは、もはや日本社会に固有なものと考える必要のないものである。事実、そのように「古層」「原型」を普遍的な視点から解釈しようとする見方もある。

たとえば石母田正《いしもだしょう》は、丸山の説く「古層」「原型」は、元来は南太平洋、東南アジア、アフリカ、ラテン・アメリカなどの、いわゆる「未開社会」に一般的であるとし、しかもそれがもつ「未開的な活力」を評価している。(64)

あるいは飯田泰三《いいだたいぞう》は、「(天皇制的)古層」のさらに深層に「太古の祖型」といったものを想定できないかとしている。(65) 飯田は丸山が評価する思想家、親鸞《しんらん》、荻生徂徠《おぎゅうそらい》、福沢諭吉らがみな前体制の解体期の思想家であったことに着目する。そして、解体期においては、「その解体(→自己解体)に徹することによって、「日本的古層」(による惑溺)を否定し突き抜け、さらに下降してゆくことで、或る普遍的で原理的な基層(いわば〝原初的普遍性〟)に到達できる」とし、そうした「原初の混沌、ないしは「自然状態」に帰り、そこから或る原理的なものを捉え直してきて「再生」「蘇生」してくるということが、「転形期」においては可能なのではないか」としている。

もちろん、「原型」「古層」に関して、丸山はそこまで明示的に語ってはいないが、しかし、こうした解釈を誘い出すような要素が丸山の「原型」論にはあるように思われる。

水林《みずばやし》彪《たけし》も『天皇制史論——本質・起源・展開』[66]で、石母田や飯田の影響を受けて、丸山の「古層」論を積極的に読み替え、人類に普遍的な「古層」というものを考えている。

ただし水林は、そうした普遍的な「古層」と天皇制とを対立的に捉えている。すなわち、普遍的な「古層」は「合理化され洗練されるならば、天皇制的なものとは対蹠的な、社会を統治する権力と社会を構成する一人ひとりを法的倫理的に拘束するなにがしかの超越者の感覚をともなう普遍主義的思惟を、その内部からやがては生み出しうるような潜在的力を有する」ものだとしている。

水林は、そうした普遍的な「古層」の一例として、大化改新以前の「盟神探湯《くかたち》」の神判をあげている。そこには争いを権力の恣意による判断ではなく、「神」を証人として審判しようとする考え方がみられ、それが合理化され洗練されるならば「法の支配」という観念につながるとしている。

水林によれば、そうした意味での「古層」は八世紀初頭に確立する天皇制によって社会の表層からいったんは消えながらも伏流として流れ続け、中世の一時期に地表に湧き出たという。たとえば、鎌倉幕府の御成敗式目では、「道理」や「正義」の観念によって権力を拘束しようとする志向がみられ、さらに裁判の終極形態が「神」を証人として呼び出す起請文による神判にあったが、これらは伏流していた普遍的な「古層」が現れ出たものだとする。

そうした意味では、日本国憲法も「欧米文化の助けを借りつつ」ではあるが、天皇制よりもはるかに古い「古層」の水脈に通じるものだという。

以上のような石母田や水林の考え方は、天皇制の「古層」のさらにその底を破ることによって普遍的な世界に出ていこうとするものである。そうした意味で、最終的には天皇制を否定する議論であろう。

しかし、すでに述べたように、和辻によれば、天皇制というものは天皇制を超えた世界につねに開かれているものだという。そう考えるならば、普遍的な「古層」は天皇制が存在したからこそ底辺に持続することができたのであり、むしろ天皇制を通じて時に湧き出すものだと考えることもできるのではなかろうか。

五　権藤成卿の「社稷」論

以上のような、天皇制の「古層」をさらに掘り下げることによって普遍的な「古層」に抜けていこうとする発想は戦前にもあった。ここでは、そうしたものとして、権藤成卿《ごんどうせいけい》の「社稷《しゃしょく》」論を紹介したい。

権藤の説く「社稷」とは、もともとは古代中国で生まれた概念である。古代中国では、土地の神の祭壇のことを「社」とよび、穀物の神の祭壇のことを「稷」とよび、土地と穀物を神聖視して、村ごとに祭壇を設けてそれらを祭っていた。やがて古代に王朝が誕生すると、それが国家祭祀となり、「社稷」という言葉は「国家」そのものを意味するようになった。しかし、本来「社稷」は国家に先行するものであり、民衆社会においては、人類に普遍なものであった。すなわち、人間は人類安定の土台を衣食住に見出し、安全に暮らすために「社稷」という体制を構築したのだという。そのため権藤は、国家が消滅したとしても、「社稷」は永遠に続くものと考える。

「衣食住の安固を度外視して、人間は存活しうるべきものではない。世界みな日本の版図に帰せば、日本の国家という観念は、不必要に帰するであろう。けれども社稷という概念は、取り除くことができぬ。国家とは、一つの国が他の国と共立する場合に用いらるる語である。世界地図の色分である。社稷とは、各人共存の必要に応じ、まず郷邑の集団となり、群となり、都市となり、一国の構成となりたる内容実質の帰着するところを称するのである。各国ことごとくその国境を撤去するも、人類にして存する限りは、社稷の観念は損滅をゆるすべきものではない(67)。」

そして、権藤は日本の神話にも「社稷」の原型を見出し、それを日本の根本的な伝統と考えた。それは日本では天皇制と深く結びついていくが、しかし、天皇制を超えるものでもある。

権藤はこれらの「社稷」は民衆の自治によって成り立ってきたことを強調する。そうした自治主義によって日本はその地域ごとの社会的道徳が確立していったとするのだ。しかし、明治政府は形の上では自治制度を採用しながら、西洋の諸制度を一律に適用したため、結局は「社稷」の危機をもたらした。しかも、土地は神聖なものであるのに、一部の特権階級が大土地を所有したことによって、民衆の人々の衣食住の安定は崩壊し、貧富の格差が拡大した。権藤は特権階級を打破することによって本来の「社稷」の復権をはかろうとした。

権藤の主著『自治民範』（一九二七年）は、青年将校たちによって国家革新の教科書とされた。「社稷」の観念は最終的には天皇制を超えたものとされてはいたが、しかし、それは実践と結びつけていこうとするときには、天皇制を必要としたのである。

以上、天皇制を変革に結びつけていこうとする人たちの議論を紹介してきた。変革への力は、現在でも天皇制の内に秘められているかもしれない。だとするならば、そうしたエネルギーをどのような形で解放し、どのような形で抑制していくかということも、私たちは議論していかなければならない問題なのではなかろうか。

第九章　宗教

これまで、主に「政治概念」あるいは「文化概念」としての天皇について考えてきた。しかし、いうまでもなく古来天皇は「宗教概念」でもあった。天皇制と民主主義との共存を考える際、「宗教概念」としての天皇をどう考えればよいのであろうか。天皇制の本質が祭祀にあるという考え方は、水戸学以来根強く存在する。事実、戦後宮中祭祀はすべて天皇の私的な行事とされるようになったが、今日でもそれは天皇の重要な務めとなっている。

しかし、近代における天皇の祭祀は、それまでの伝統とはかなり異なったものとなっている。そのことが、近代の天皇制に少なからぬ歪みをもたらした原因の一つになっているとも思われる。天皇制を開かれたものにするためにも、その宗教的側面を見直すことは非常に重要であろう。

一　天皇は何を祀るのか

近代の宮中祭祀は、一九〇八（明治四十一）年に「皇室祭祀令」として法制化された。しかし、それによってすべてが国家儀礼とされたわけではない。即位の礼、大嘗祭、大喪の礼以外は皇室内部の儀礼とされたとみることもできる。[68] しかも、近代の宮中祭祀のほとんどは明治になって作られたものであり、しばしば「創られた伝統」であることが指摘されている。

ただし、敗戦後はその「皇室祭祀令」も廃止され、宮中祭祀はすべて天皇の私的な行事とされている。したがって、法的な裏付けは存在しないのであるが、しかし、いまだに天皇の本質を祭祀に求めようとする考え方は根強く存在する。

天皇の本質が祭祀にあるとしたとき、問題は何を祀るのかということにあるのではなかろうか。宮中祭祀が行われる皇居内の宮中三殿をみてみると、中央の「賢所《かしこどころ》」は最高の神殿とされ、三種の神器のうちの一つである神鏡が祀られている。神鏡はアマテラスを表すものとされ、三種の神器のなかでも最も重んじられるものである。向って左側の「皇霊殿」には歴代の天皇、皇后、皇妃、皇親の霊が祀られている。また右側の「神殿」には天神地祇八百万神を祀っている。要するに近代の天皇が祀っているのは、皇祖神、皇族と日本の八百万の神々である。

しかし、近代以前においては、天皇の祭祀は仏教とも深く結びついていたことを想起しなければならない。古代以来、宮中においても仏教によるさまざまな祈祷が行われた。「御斎会《ごさいえ》」、「季御読経《きのみどきょう》」、「灌仏会《かんぶつえ》」、「仏名会《ぶつみょうえ》」、「最勝講《さいしょうこう》」、「法華八講《ほっけはっこう》」などがその代表である。

ただし、これらは仏教僧によるもので、天皇自身が行うものではなかった。しかし、中世以降では天皇の即位において天皇自身が密教の所作を行う「即位灌頂《かんじょう》」が一般化する。また、後醍醐天皇のように在位中に密教の秘法を伝授する「伝法灌頂」を受け、みずから幕府調伏の祈祷を行ったような例もある。そればかりでなく、そもそも、在位中に出家した天皇も少なくない[69]。

天皇が仏教を篤く信仰した例として、しばしば取り上げられるのは、奈良時代に陸奥で黄金が産出したことを大仏に奏上する際の聖武天皇の宣命において、自身を「三宝の奴と仕へ奉る天皇」と表現したことである。

本居宣長は、奈良時代の宣命に注釈を加えた『続紀歴朝詔詞解』において、この条に関して、天皇がみずからを仏教の「奴」としたことについて、「これらの御言は天つ神の御子の尊の、かけても詔給ふべき御言とはおぼえず、あまりにあさましくかなしくて、読挙ぐるもいとゆゆしく畏ければ、今は訓を闕《かき》ぬ。心あらん人は、此はじめの八字をば、目をふたぎて過すべくなむ[70]」と嘆き、あえて注釈することを拒否している。

これに対して、和辻はそうした宣長の態度を批判し、「日本の神話的伝統や神社崇拝は全然教義を持たないものであるから、当時の人が認めて究極の真理となすものを取り入れ、それを究極の真理として尊ぶことに対しては、何の妨げともならない」と反論している。ここには、天皇の祭祀に関する和辻独自の考え方がみられる。

和辻によれば、アマテラスを中心にした皇祖神は、天皇が祀るべき究極の存在ではないという。『古事記』におけるアマテラスは、何かを祀る巫女のイメージで描かれている。最高神であるはずのアマテラスがさらに祀ろうとしている対象は何か。それは明示的には語られてはいない。和辻はそれを、「民族」の「生ける全体性」のさらに「背後」にある「絶対的全体性」だと解釈し、それを「無限に深い者」、「無限に深い神秘」、「根源的な一者」、「神聖なる「無」」、「絶対無とも称すべき無限流動の神聖性の母胎」といった言葉でも言い換えている。そして、それは「民族」の「生ける全体性」を超えた普遍的なものであるとする。

つまり、アマテラスが祀っているのは、「民族」の「生ける全体性」ばかりでなく、それを超えた普遍的な「絶対的全体性」でもあるというのである。それは天皇の祭祀においても同様であるという。先ほどの聖武天皇の場合は、「絶対的全体性」を仏教として把握したのだと和辻は考えたのである。

和辻においては、天皇制はそうした普遍的なものに通じており、その意味で天皇制は「無限の深化を許す解放された道」であるとされているのである。したがって、仏教に深く帰依した天皇が多くいたのも当然であるということになる。

しかし、明治以降天皇の祭祀から仏教的なものは排除されることになり、祭祀の対象は「民族」の神々に限定されることになる。そして「国家神道」というものが、みずからを狭義の宗教ではないとすることによって、逆に仏教やキリスト教といった普遍宗教を有効に統制することに成功する。そのため、明治憲法では信教の自由が一応認められていたにもかかわらず、近代日本は宗教を自由に思索し展開する道を鎖《とざ》してしまったとともに、天皇制を宗教的に閉じたものにしてしまったのである。

二　「超国家主義」と仏教

戦前における天皇制と普遍宗教との関係をみると、仏教やキリスト教といった普遍宗教の方が天皇制と妥協し、社会との緊張関係を失っていった場合が多かった。しかし、そうしたなかにあって、例外的ではあるが、天皇制を認めながらも、それを普遍宗教の立場に立って高めていこうとする試みも存在した。その場合、そこには現実の天皇制国家の「変革」ということも含意されていた。前章では天皇制そのもののうちに秘められた「変革」のエネルギーについて触れたが、ここでは、普遍宗教の立場に立って、天皇制を「変革」しようとしているのである。

そうした例として、仏教の場合については、「超国家主義」者を、キリスト教の場合については南原繁を考えてみたい。両者は、表面的にはまったく異なった立場に立つが、天皇制を肯定しながらも、普遍宗教の立場に立って、社会変革をめざした点で共通している。

まず、「超国家主義」についてであるが、丸山はそれを「国家主義の極端な形態」と定義しているが、それに対して橋川文三《はしかわぶんそう》は『近代日本政治思想の諸相』(71)において、それが「現実のトータルな変革を目指した革命運動」であり、そこには「現実の国家を超越した価値を追求する形態が含まれている」として、そこに超越的な視点が存在していることを強調している。

事実、「超国家主義」者のなかには、法華経信仰、日蓮信仰を中心におきながらも、そこに天皇崇拝の教えを含み込ませていった国柱会の田中智学《たなかちがく》の影響を受けた者が少なからず存在した。ただし、智学の場合は、法華信仰の超越性を一応は守りながらも天皇制との緊張関係が失われていったのに対して、「超国家主義」者たちは、法華信仰の立場から天皇制国家の変革をめざしたのである[72]。

まず、石原《いしはら》莞爾《かんじ》の例をみてみたい。石原は「皇道主義」によって、「民族協和の理想郷の完成」や「東亜永遠の平和」をめざした「東亜連盟」の思想を説いた。『最終戦争論』[73]（一九四〇年）によれば、石原にとって「東亜連盟」は、「世界最終戦」に備えるものであった。それは「皇国とアングロサクソン」との決勝戦であり、世界文明統一のための「人類最後最大の戦争」とされる。

そこには、日本の「国体」による世界統一という極端な膨張主義が説かれているが、それは天皇が、「悠久の昔から東方道義の道統を伝持遊ばされた」存在であるからであり、「世界最終戦」がめざすのは「世界人類の本当に長い間のあこがれであった世界の統一、永遠の平和」であるとされ、「八紘一宇の発展と完成は武力によらず、正しい平和的手段によるべきである」とも説かれている。

石原は、田中智学の影響を受けていたが、この「世界最終戦」の構想について日蓮の思想からヒントを得ている。石原は日蓮の『撰時抄』の「前代未聞の大闘諍一閻浮提〔人間世界全体〕に起るべし」という言葉が「私の軍事研究に不動の目標を与えた」としている。橋川によれば、石原の「東亜連盟」の思想が「超国家主義の思想であったことは、このむしろ破天荒ともいうべき構想が、奇しくも北一輝・井上日召《いのうえにっしょう》らの信奉した法華経信仰にねざしていることからも感じとれる」としている。

石原はこうした法華経信仰に基づく「世界最終戦」に備えるために、「東亜連盟」の結成と、「産業大革命」の強行という「昭和維新」を断行すべきことを説くのである。

石原の「世界最終戦」の構想の特徴は、「諸民族はその有する力の如何に関せず、真に相互平等な待遇を受けねばならない」というように、東アジアの国々を植民地とみるのではなく、同盟国として平等にみようとするものである。そして「日清戦争以来、日本国民の脳裏に浸潤している強者対弱者の指導者意識に基づくいわゆる大陸経営論は、今こそ歴史的終焉を告げるべき時期である」と述べ、日本人に指導者意識を捨てるべきことを説いている。たしかに、同盟国には天皇を戴くことを求めてはいるが、それは、日本人が選民意識を捨て、東亜の国々と平等に接することができるようになった上でのことであるとされている。

こうした石原の「東亜連盟」の思想は、軍部の考えとは相容れないものであった。そのため、「肇国の精神に反し皇室の主権を晦冥ならしむ虞れあるが如き国家連合論」として軍部に弾圧されてしまうことになる。

次に、北一輝の例をみてみよう。すでに触れたように、北は「維新革命」以後の日本を、天皇と国民とが一体となった近代的民主国家だと考えていた。しかし、明治の官僚制国家による皮相な近代化のなかで「革命」の理念は後退してしまったと考え、新たな「維新」の必要性を説くようになる。それが『日本改造法案大綱』(74)(一九二三年)である。そこでは、天皇の名の下に憲法を停止して戒厳令をしき、「地主という黄金貴族」や「資本家という経済的諸侯」を解体し、一気に社会主義的革命を実現すべきことが説かれている。北の構想したクーデターは、「天皇」の名を借りてはいるものの、明治維新で実現できなかった本来の近代的民主国家を完遂しようとする国民全体の意志の発動とされている。

実は、こうした変革への思いは和辻の天皇論にもみられる。

何度も触れたが、和辻にとって天皇制の本質は古代律令制の公地公民制にある。しかし、和辻によれば、本来は天皇を補佐して公地公民制を守るべき貴族たちが荘園制という私有地制度に走り、その後の武士階級がそれを徹底させてしまったという。さらに近代における資本主義の進展は、利己的な「町人根性」を国民全体に植えつけたとする。[75]したがって、あからさまに主張はしていないが、和辻のめざす本来の天皇制国家は国家社会主義的なものであったと思われる。

さて、こうした北の思想の背景には法華経信仰というものが存在していた。先の石原と同様に、北も田中智学の影響から日蓮信仰を深めていた。『日本改造法案大綱』にも、「印度の密封せられたる宝庫としてようやくまさに二十世紀の今日を待ちて開かれんとする日本民族の大乗的信仰」といった言葉がみえる。法華経の説く平等思想というものが、北の説く社会主義的革命の思想の背後にあると考えられる。北はそうした普遍宗教の立場から、現実の天皇制国家を変革し、それを理想の形に近づけようとしたのである。それを実現するために、最も力を振るうことができると北が考えたのが天皇だったのである。

以上、石原、北の例をみてきた。彼らは共通して仏教という普遍宗教の立場から現実の天皇制国家を改革しようとした。そこには天皇制を閉じたものと考えずに、国家の枠を超えた普遍的な視野から捉え直そうとする姿勢がみえる。

ただし、結果として彼らの思想は、天皇制を無限に膨張させることになってしまった。そうしたことの原因が、日蓮の思想そのものにあるわけではない。むしろ彼らが、普遍的な仏教信仰と天皇制とを無媒介に融合させてしまい、両者の間の緊張関係を弱めてしまったことが問題であったといえよう。

三　南原繁の普遍宗教と天皇制

次にキリスト教という普遍宗教と天皇制との関係について南原繁の場合を例に考えてみたい。

南原は内村鑑三《うちむらかんぞう》の影響を受けて、無教会派の信仰をもっていた。しかし、同時に先に触れたように天皇制に対しても親近感を抱いていた。彼において、両者はどのように関係していたのであろうか。

それを知るのに重要な手がかりを与えてくれるのが、戦前に書かれたフィヒテ関連の論文を戦後まとめた『フィヒテの政治哲学[76]』（一九五九年）である。ここでは、天皇制について直接論じているわけではないが、フィヒテに仮託する形で、「民族」と普遍宗教との関係が論じられている。

南原によれば、フィヒテは「民族主義」の立場をとる。その場合、「民族」とは自然的環境やそれを構成する種族の相違によるものではない。「民族」はどのような環境にも住み慣れるものであり、種族の混交はどこでも行われるものであって「民族」の純血を誇ることは不可能である。つまり、「民族」とは地縁・血縁による自然状態から自由な精神的教化によって形成されるとする。

こうした意味での「民族」は、それぞれに固有な個性的価値をもっていると同時に、「神的永遠性」を顕現するものでもある。もろもろの国民がその個性に従って歴史において神的精神を顕現していくところに「民族」の使命があるという。

フィヒテによれば、新しい人類の形成は、まずおのおのの「民族」の自己形成でなければならない。そこに「国民教育」の必要性が生まれる。「国家」は、そうした新たな「国民教育」の担当者として要請される。「国家」の意義は、国民を道徳と宗教の高い教養にまで教育することである。それによって「国家」は「文化国家」として「文化」の実質に参与することになる。それは、国民全員の自由な創造、共同の事業であって、少数強者の利己的支配であってはならない。

こうした意味での「民族主義」は、現実の「国家」の限界を遙かに超えて「世界主義」の理想と結合する。ただし、「世界主義」は「国際国家」「世界国家」ではなく、「自由意思にもとづき、強制によってつくられない結合」としての国際の「連合」である。この国際の「連合」は、国民国家の否定や制限ではなく完成である。

以上が南原のフィヒテ論の骨子である。そこでは、天皇制については直接的には言及されていないが、主に論じられている「民族主義」とは、日本でいえば天皇制の問題として考えられていたに違いない。先にも述べたように、南原がめざしたのは、「人間としての天皇を中核とし、国民の統合を同じく人と人との相互の信頼と尊敬の関係に置き換えたところの、新しき倫理的文化的共同体」であり、それは君主主権と民主主権との対立を超えた、日本の歴史における「君民同治」の伝統を生かすものであった。

なお、南原は論文「カトリシズムとプロテスタンティズム」[77]（一九四三年）で、彼の提唱する「日本的キリスト教」について述べている。それによれば、キリスト教というものは、「超国民的＝超歴史的であるとともに、他方、歴史的＝国民的に限定せられ」たものであるという。ヨーロッパ世界にキリスト教が発展するためには、ヨーロッパ固有の伝統と歴史的環境を必要とした。ヨーロッパとは異なった歴史と伝統をもつ日本では、また異なった出発が必要である。南原は、「長い歴史を通じ君臣・父子のあいだの絶対的忠信と信従の関係を実践し来たったわが国には、ただに絶対主義的・封建的道徳という以上に、それを超えた、固有の高い道徳的基礎を欠きはしない」と説く。そして、「国民の各個がこの聖なる深き結合関係に入り込み、ついには全体のわが国民共同体が真の神的生命によって充たされるにいたるまで、神の国の形成は已まないであろう」（傍点、南原）とする。「日本民族は、これまで世界的宗教たる仏教を摂取して、すぐれて日本的なものを創り上げた」が、同様のことがキリスト教においても可能であると南原はいう。そして、「日本が将来、世界の精神界に寄与し得る大なる一つの道は、この本来東洋的にして世界的なキリスト教の東洋的還元と日本化にあると思われる」と結論づけている。

ここで注意しなければならないのは、南原のいう「日本的キリスト教」なるものが、キリスト教を日本的なものにすり寄らせようとするものではなく、キリスト教の名のもとに現状の日本の無限の変革をめざそうとするものだということである。そうした形で南原は、天皇を中心とした国民共同体を開かれたものにしようとしたのである。

そうした観点から、論文「ナチス世界観と宗教の問題」[78]（一九四一〜一九四二年）では、当時展開されていた田辺元の「種の論理」を批判している。南原は西田や田辺の哲学を基本的には評価し、「西洋哲学との論理の交渉の上に世界的普遍性の関連において、新たに東洋思想を省みることにより、日本精神の固有性を確立しようとする努力」であると認めている。ただし、田辺の「種の論理」は、「現実の「分裂的非合理的側面」が認識せられてあるとはいえ、元来かような非合理的現実をも否定的契機に転化して一に絶対無の現成とする」ものであり、「両者の間に本質的区別がな」くなってしまっていると批判する。

田辺の「種の論理」は、「類」（人類）と「種」（国家）と「個」（個人）の三者の相互媒介を説くものであって、一般に誤解されているような単純なナショナリズムでは決してない。しかし、一九三九（昭和十四）年に発表された論文「国家的存在の論理」[79]では、「国家」を絶対的なものの「応現存在」であるとしている。「応現」とは、仏が衆生の素質に応じて姿を現すという仏教用語である。この「応現」という概念の捉え方によっては、現実の国家を絶対的なものの実現として是認してしまう危険性が生じていることも事実である。[80]それに対して南原は、あくまでも普遍的立場に立っての現実の日本に対する無限の批判が必要であることを説くのである。それはまた、宗教的立場からみたときに、近代の天皇制に最も必要なものであったといえよう。

以上、「宗教概念」としての天皇について、普遍宗教との関係において考えてみた。もちろん法律上は私的行事とはいえ、天皇の宮中祭祀が存続している以上、その宗教的意味づけは考えてみる必要があるのではなかろうか。

　和辻が説いたように、祀る対象を皇祖神のうちに閉じてしまうことは、記紀神話に基づいても疑問が残る。だからといって、現代のように政教分離が厳しく問われる時代においては、天皇自身が特定の普遍宗教に対する信仰をもつことも容認しがたい。特定の普遍宗教にこだわることなく、しかも皇祖神に限定されない新たな祭祀の形を模索する必要があるのではなかろうか。

　同時に、私たち国民の心の在り方も考えなければならないであろう。「象徴天皇制」を肯定する場合においても、実際に何らかの普遍宗教への信仰をもつか否かは別にしても、私たちの宗教心はつねに一方で、天皇制を超えたものへと開かれていなければならないのではなかろうか。それが心のすべてを天皇制に絡め取られていくことを防ぐための最も重要な心構えであるように思われる。

註

（1）「リベラル・ナショナリズム」とその問題点については、施光恒「リベラル・デモクラシーとナショナリティ」（施光恒・黒宮一太編『ナショナリズムの政治学――規範理論への誘い』ナカニシヤ出版、二〇〇九年所収）から大きな示唆を得た。
（2）近代における他国の君主制については、君塚直隆『立憲君主制の現在――日本人は「象徴天皇」を維持できるか』新潮選書、二〇一八年が詳しい。
（3）『福沢諭吉著作集』第九巻、慶應義塾大学出版会、二〇〇二年
（4）前掲書
（5）『日本思想大系第五三巻　水戸学』岩波書店、一九七三年、五〇頁
（6）前掲書、五二頁
（7）前掲書、六三頁
（8）前掲書、一五三頁
（9）丸山眞男『日本政治思想史研究』東京大学出版会、一九五二年、三〇四頁

(10)『日本思想大系第五三巻　水戸学』岩波書店、一九七三年、五〇頁
(11)『吉田松陰全集』第二巻、岩波書店、一九八六年、一三頁
(12)『日本思想大系第五四巻　吉田松陰』岩波書店、一九七八年、二一五頁
(13)前掲書、二一五頁
(14)吉田松陰『講孟劄記（下）』講談社学術文庫、一九八〇年、五七六頁
(15)前掲書、五七七頁
(16)前掲書、五七七〜五七八頁
(17)前掲書（上）、二一頁
(18)『丸山眞男講義録』第五冊、東京大学出版会、一九九九年、二四八頁
(19)丸山眞男『忠誠と反逆——転形期日本の精神史的位相』筑摩書房、一九九二年、三〇頁
(20)丸山眞男『日本政治思想史研究』東京大学出版会、一九五二年、三〇七頁
(21)文部省編纂『国体の本義』呉PASS復刻選書、二〇一四年、一一三頁
(22)前掲書、二三頁
(23)前掲書、九六頁
(24)伊藤博文『帝国憲法皇室典範義解』ゴマブックス、二〇一六年、三三頁
(25)前掲書、七頁
(26)美濃部達吉『憲法講話』（『史料集 公と私の構造』第一巻、ゆまに書房、二〇〇三年）、六三頁
(27)上杉慎吉『新稿帝国憲法』桜耶書院、二〇一五年、一七頁
(28)長尾龍一編『穂積八束集』（日本憲法史叢書七）、信山社出版、二〇〇一年、二〇〜二一頁

(29)『北一輝著作集』第一巻、みすず書房、二〇〇〇年
(30)『福沢諭吉著作集』第四巻、慶應義塾大学出版会、二〇〇二年
(31)『福沢諭吉著作集』第九巻、慶應義塾大学出版会、二〇〇二年、二一二頁
(32)『思想』一九三六年六月号、岩波書店
(33)『和辻哲郎全集』第三巻、岩波書店、一九六二年
(34)『津田左右吉歴史論集』岩波文庫、二〇〇六年
(35)『西田幾多郎全集』第九巻、岩波書店、二〇〇四年
(36)この点に関しては、上田閑照「西田幾多郎――「あの戦争」と「日本文化の問題」」(『西田哲学選集』別巻二、燈影舎、一九九八年所収)を参照。
(37)宮沢俊義と尾高朝雄の論争については、尾高朝雄『天皇制の国民主権とノモス主権論――政治の究極は力か理念か』書肆心水、二〇一四年を参照。
(38)この辺のいきさつについては、古関彰一『日本国憲法の誕生 増補改訂版』岩波現代文庫、二〇一七年に詳しい。
(39)石井良助『天皇――天皇統治の史的解明』弘文堂、一九五〇年
(40)石井良助『天皇――天皇の生成および不親政の伝統』山川出版社、一九八二年
(41)『丸山眞男集』第三巻、岩波書店、一九九五年
(42)『丸山眞男集』第十五巻、岩波書店、一九九六年
(43)これに関しては、拙著『丸山眞男を読みなおす』講談社選書メチエ、二〇〇九年を参照。

(44) 丸山眞男『日本の思想』岩波新書、一九六一年、三七頁
(45)『西田幾多郎全集』第二十三巻、岩波書店、二〇〇七年、三九五~三九六頁
(46)『田辺元全集』第八巻、筑摩書房、一九六四年
(47) 芦部信喜ほか編『皇室典範』(日本立法資料全集本巻一)、信山社出版、一九九〇年
(48) 前掲書、四一〇~四一一頁
(49)『和辻哲郎全集』別巻二、岩波書店、一九九二年
(50)『和辻哲郎全集』第十二巻、岩波書店、一九六二年
(51) この点は奥平康弘『「万世一系」の研究(上)』岩波現代文庫、二〇一七年に詳しい。
(52) G. W. F. Hegel, *Grundlinien der Philosophie des Rechts oder Naturrecht und Staatswissenschaft im Grundrisse*, 1821, §275-286. G・W・F・ヘーゲル(上妻精、佐藤康邦、山田忠彰訳)『法の哲学——自然法と国家学の要綱』下巻(ヘーゲル全集9b)、岩波書店、二〇〇一年、四七七~四九五頁
(53) 佐藤康邦『教養のヘーゲル『法の哲学』——国家を哲学するとは何か』三元社、二〇一六年
(54)『丸山眞男講義録』第四冊、東京大学出版会、一九九八年
(55)『丸山眞男講義録』第五冊、東京大学出版会、一九九九年
(56) 岡野友彦『北畠親房——大日本は神国なり』ミネルヴァ書房、二〇〇九年、一八六頁
(57)『丸山眞男集』第十一巻、岩波書店、一九九六年
(58)『丸山眞男集』第十巻、岩波書店、一九九六年
(59)『丸山眞男講義録』第七冊、東京大学出版会、一九九八年

(60)三島由紀夫『文化防衛論』ちくま文庫、二〇〇六年
(61)三島由紀夫「『道義的革命』の論理」(前掲書所収)
(62)『丸山眞男講義録』第五冊、東京大学出版会、一九九九年
(63)丸山眞男『自己内対話――3冊のノートから』みすず書房、一九九八年、二五一頁
(64)石母田正「歴史学と「日本人論」」(『石母田正著作集』第八巻、岩波書店、一九八九年所収)
(65)飯田泰三「解題」(『丸山眞男講義録』第四冊、東京大学出版会、一九九八年所収)
(66)水林彪『天皇制史論――本質・起源・展開』岩波書店、二〇〇六年
(67)権藤成卿『自治民範』平凡社、一九二七年、二六一~二六二頁
(68)吉田裕ほか編『平成の天皇制とは何か――制度と個人のはざまで』岩波書店、二〇一七年、一三八頁
(69)天皇と宗教との関係については『天皇と宗教』(『天皇の歴史』第九巻、講談社、二〇一一年)を参照。
(70)『本居宣長全集』第七巻、筑摩書房、一九七一年、二七三頁
(71)橋川文三『近代日本政治思想の諸相』未来社、二〇〇四年
(72)田中智学に関しては、大谷栄一『近代日本の日蓮主義運動』法蔵館、二〇〇一年に詳しい。
(73)石原莞爾『最終戦争論』中公文庫、二〇〇一年
(74)北一輝『日本改造法案大綱』中公文庫、二〇一四年
(75)和辻哲郎「現代日本と町人根性」(『和辻哲郎全集』第四巻、岩波書店、一九六二年所収)
(76)南原繁『フィヒテの政治哲学』(『南原繁著作集』第二巻、岩波書店、一九七三年所収)
(77)南原繁「カトリシズムとプロテスタンティズム」(『南原繁著作集』第一巻、岩波書店、一九七二年所

収)
(78)南原繁「ナチス世界観と宗教の問題」(前掲書所収)
(79)『田辺元全集』第七巻、筑摩書房、一九六三年
(80)この点に関しては、拙著『日本の哲学をよむ——「無」の思想の系譜』ちくま学芸文庫、二〇一五年を参照。

あとがき

　私は、日本思想史というものを、ずっと和辻哲郎と丸山眞男を軸に考えてきた。一般には、二人は対称的な思想家と考えられているのではなかろうか。天皇制についてだけみても、片や戦前戦後一貫して天皇制を擁護してきたし、片や戦後になってからとはいえ、天皇制を正面から批判した。しかし、二人とも天皇制というものに強いこだわりを持ち続けていた点では共通している。

　いつか二人の天皇論を基に、自分なりの天皇論を書いてみたいという漠然とした思いはあった。直接のきっかけとなったのは二つのことである。

　一つは、近年急激に進む経済中心のグローバリズムへの疑問である。今やあらゆる地域で民主主義の危機が叫ばれているが、それはグローバリズムの進展と深く関わっているように思われる。翻って考えてみると、実は民主主義の成熟には、その基盤としての文化の一体感というものが必要なのではなかろうか。そうした思いが萌しはじめていたころ、ある学会の発表で「リベラル・ナショナリズム」という考え方を知った。文字通り、リベラリズムとナショナリズムとは従来考えられてきたように相反するものではなく、むしろ相補的なものだという主張である。もちろん、そこには多くの問題点があるにしても、私としては目から鱗の体験であった。それを日本に当てはめれば、まさに「象徴天皇制」のなかで民主主義を成熟させようとする考え方になるのではなかろうか。私からみれば、福沢も和辻も津田もリベラル・ナショナリズムの立場といえる。

もう一つのきっかけは、やはり二〇一六（平成二十八）年八月八日の天皇のいわゆる「おことば」である。それは、「象徴天皇制」というものに対する天皇自身による止むに止まれぬ問いかけであった。本論でも触れたように、天皇の「退位」の問題は、戦後新たな皇室典範を作るときに、すでに議論されていたが、その後国民が等閑視してきた問題であった。

顧みれば、戦後私たちは憲法第一条に記されている民主主義と象徴天皇制との関係について正面から向き合ってこなかったのではなかろうか。今日本は民主主義も天皇制も計り知れない危機を迎えている。恐らく二つの事態は、底の所で深く関係し合っていると思われる。

本書の出版に関しては、青土社編集部の足立朋也氏に一方ならぬお世話になった。テーマがテーマだけに躊躇していた私の背中を強く押して下さったのは氏である。氏との出会いがなければ、本書が世に出ることはなかったであろう。改めて篤く御礼申し上げたい。

本書が天皇制をめぐる健全な議論が湧き起こってくる一助となれば幸いである。

二〇一八年七月

田中久文

ま行

間部詮勝《まなべあきかつ》　41

丸山眞男《まるやままさお》　30, 40, 41, 124, 125, 130, 131, 132, 133, 151, 152, 153, 154, 155, 164, 165, 166, 167, 168, 169, 172, 173, 174, 175, 189

三島由紀夫《みしまゆきお》　21, 169, 170, 171

水林《みずばやし》 彪《たけし》　175, 176

美濃部達吉《みのべたつきち》　19, 20, 55, 56, 57, 58, 59, 60, 61, 62, 63, 64, 67, 68, 70, 75, 102, 104, 105, 129, 138

宮沢俊義《みやざわとしよし》　111, 112

本居宣長《もとおりのりなが》　22, 168, 186

や行

山縣太華《やまがたたいか》　36, 37, 39

山崎闇斎《やまざきあんさい》　150, 154, 155, 156, 168

吉田松陰《よしだしょういん》　34, 35, 36, 37, 38, 39, 41, 42, 51

わ行

若林強斎《わかばやしきょうさい》　155

和辻哲郎《わつじてつろう》　21, 22, 83, 84, 85, 86, 93, 94, 98, 105, 106, 107, 108, 109, 110, 111, 116, 119, 121, 122, 123, 124, 131, 140, 141, 142, 156, 157, 158, 159, 164, 169, 176, 186, 187, 193, 200

権藤成卿《ごんどうせいけい》　177, 178, 179

さ行

佐々木惣一《ささきそういち》　104, 105, 106, 107, 108, 109, 110, 120, 142, 169

佐藤直方《さとうなおかた》　150, 156

親鸞《しんらん》　174

た行

田中智学《たなかちがく》　189, 190, 193

田辺《たなべ》 元《はじめ》　134, 135, 142, 198, 199

津田左右吉《つだそうきち》　86, 87, 88, 89, 93, 94, 98

な行

南原《なんばら》 繁《しげる》　19, 102, 103, 104, 136, 137, 138, 139, 142, 189, 194, 195, 196, 197, 198, 199

西田幾多郎《にしだきたろう》　94, 95, 96, 97, 98, 134, 135, 198

は行

橋川文三《はしかわぶんそう》　189, 191

羽仁五郎《はにごろう》　94

福沢諭吉《ふくざわゆきち》　17, 18, 76, 77, 78, 79, 80, 81, 82, 83, 98, 163, 174,

穂積八束《ほづみやつか》　62, 63, 64, 65, 66, 67

人名索引

あ行

か行

田中久文（たなか・きゅうぶん）
1952（昭和27）年埼玉県生まれ。哲学者。東京大学文学部卒業。同大学院人文科学研究科博士課程修了。文学博士（東京大学）。現在、日本女子大学教授。専門は日本思想史。京都学派を中心に、近代日本で花開いた哲学思想をたどり直し、現代にも共通する「本質」を掘り起こしている。主な著書に『九鬼周造』（ぺりかん社、第一回中村元賞受賞）、『丸山眞男を読みなおす』（講談社選書メチエ）、『日本美を哲学する』（青土社）、『日本の「哲学」をよむ』（ちくま学芸文庫）などがある。

象徴天皇《しょうちょうてんのう》を哲学《てつがく》する

2018年8月 6 日　第1刷印刷
2018年8月15日　第1刷発行

著　者　田中久文《たなかきゅうぶん》

発行者　清水一人
発行所　青土社
〒101-0051　東京都千代田区神田神保町1-29　市瀬ビル
電話　03-3291-9831（編集部）　03-3294-7829（営業部）
振替　00190-7-192955

印　刷　ディグ
製　本　ディグ

装　幀　菊地信義

ISBN978-4-7917-7090-8